考えを深めるための
教育原理

佐藤光友/奥野浩之

|編著|

ミネルヴァ書房

はしがき

　このテキストは，主として大学生を対象とした教育原理や教育学，教育学概論の基本書，入門書を意識して作成したものである。これからの教育課程では，教員養成のための教職科目において，コア・カリキュラムに基づいた授業展開が求められている。そのためコア・カリキュラムを睨んだ教育原理，教育学のテキストが必要となる。

　そこで本書では，そのことを考慮して，教育を支える理念や思想ならびに学校教育制度，教育内容やその方法などについての論を深め，さらに教育の原理的な事項に関わる内容をなるべく子ども・学校・家庭・社会それぞれの観点から考察することを心掛けた。

　本書では，教職を目指す学生だけでなく，現職教員の方々にも，教育の本質・原理的な事象に立ち返り，その内容を深めてもらえるように工夫している。教育の本質的な事柄に関連して，教育とは何か，また，西洋と日本の教育思想について新たな観点から考えを深めている。教育の制度や学習内容としては，西洋の学校教育制度ならびに日本の学校教育制度について，さらに，学習支援や職業・キャリア教育について，それぞれの視点から論を展開している。教育の方法については，教育課程ならびに学級経営について，さらに，授業のデザインについて，それぞれ論じている。そして最後に，これからの教育の課題についての論を深め，未来の教育の展望を示唆した。このように多種多様な主題を設定して，各章をそれぞれ教育学等の専門家に執筆担当していただいた。

　本書では，テキストという性格上，引用の註は省略し，各章末での参考・引用文献という形式をとらせていただいた。そのことも合わせてご了承願いたい。本書の出版の執筆，編集にあたっては，各章の執筆者の方々，そして丁寧に対応していただいた編集部の浅井久仁人さんにはたいへんお世話になった。ここに感謝の意を申し上げる。

編著者　佐藤光友

奥野浩之

目　次

は　し　が　き

第 1 章

教育とは何か
——考えを深めるために

　この章では，人間形成の本質に関わる問い，すなわち「教育とは何であるのか」を「教育」という言葉の語義にまで遡って考えてみたい。そして，その言葉のもつ現代学校教育での意味についても考察する。教育とは何であるのかということは，教師や子どもたちが真理を探究することともつながっている。探究心は古代ギリシアの時代からすでに子どもたちがもっていたものであろうし，「真理・真相」を探究して学び深めるということが，彼らの自己形成に深く関わっていたことは否定できない。古代ギリシア「パイデイア（Paideia）」と呼ばれていた「教育」や「陶冶」がどのような意味をもっていて，現代の教育において，それが人間の在り方生き方とどのように結びついていたのか。これら人間形成の本質に関わる問いについて考え，その答えを見出そうとすることによって，私たちは，これからの未来の教育への何らかの基盤を構築しうるのではないのか，そういうことの考えを深めてみたい。

1　人間形成の本質に関わる問い

（1）人間形成と人間の在り方生き方との関連から

　教育の原理を学ぶということは，子どもの形成，人間形成の本質とどのように関わっているのであろうか。私たちは，たとえば，古代ギリシアでは「パイデイア（Paideia）」と呼ばれていた「教育」や「陶冶」が，どのような意味を持っていたのだろうかという問いを人間形成の本質に関わる問いとして立てることができる。現代の教育において，古代ギリシアでの教育が人間形成の基盤としての人間の在り方生き方とどのように結びついていたのか，という問いを投げかけることも可能であろう。

ソクラテスがアゴラ（広場）に集まっている若者にした問答は，当時の若者の無知の自覚を促し，何のために私たちは知識を得るのか，そして何のために学ぶのかという，若者自らが知っていると思われることへの懐疑として，自らの存在意義を問うという，人間としての在り方生き方への問い返しとも関連していた。このようにすでに古代ギリシアにおいて，人間形成の本質に関わる人間としての在り方が教育の原理的な問いとして根本的に問われたのである。

　現代においても，人間形成に欠かすことのできない人間としての在り方を問うということは，人間の存在を問うことと密接に関連している。教育学者ボルノー（O. F. Bollnow）にも多大な影響を与えた偉大な哲学者ハイデガー（M. Heidegger）は，人間の存在を現存在（Dasein）と呼び，その現存在の分析により，自己としての，あるいは人間としての在り方を問い，問題にしたのである。彼の存在論からその人間形成論的側面を垣間見ることが許されるのならば，人間存在への問いから，世界の内に存在する人間という，その存在の根本体制を明らかにすることで，人間が人間となるという人間形成の理論を一層深めていくこともできるであろう。

　というのも，人間一人一人，自己が自己自らを形成していくといった場合に，その形成の本質を問うこと，それは私たちが，事象に隠蔽されているものを暴き，その隠れなさという真理，真性，真実，真相の本質を明るみに出すことである。ドイツ語でヴァールハイト〔Wahrheit〕は，日本語では真理，真性，真実，真相といろいろな訳がなされているが，ここでは以下「真理・真相」という言葉で物事の真を表現する。「真理・真相」を探究するということ，そのことによって，あるべき人間の在り方を探ることができるであろう。私たちの在り方には，「真理・真相」へと向かう，そのあるべき人間の在り方が根底にあり，教育を通して両者の在り方が結びついているということに気づかされる。「真理・真相」の探究は，これからの教育の新時代においてますます必要とされており，現に特別の教科 道徳の授業や総合的な学習の時間，総合的な探究の時間などでも，今まで以上に取り上げている事柄等であることは承知の事柄である。

　道徳科においても，一つの視点として，主として自分自身に関することとい

う自己の存在について考え，議論する道徳が提唱されている。子どもたちが
「真理・真相」を探究するという，教育の原理的な問いへと向かう，あるいは
向かわせる，その前提として，自己としての，あるいは人間としての在り方に
ついての基本的なとらえ方が必要となる。まずは，教授する者，教える者が常
に人間としての在り方として「真理・真相」を問う姿勢をもち，その態度意欲
が子どもたちに影響を及ぼすのであり，そのことから教育の原理的な問いが深
められるといっても過言ではないであろう。

（2）子どもと道具（遊具・教具など）との関連から

　私たちは，自らを形作り，自己が自己を理解し，その理解を深めていくため
には，人間と道具への問い，すなわち，この世界において，子どもと道具（遊
具・教具など）とが，どのように関連しているのかということに着目する必要
がある。ある道具は，ある道具と関連しており，ある道具はその目的が他の道
具のために存在している。しかし，最終的にはすべての道具は現存在としての
人間存在のために，といったように。ある道具がまた別の道具の用途としてつ
ながっていて，すべての道具が，それぞれ相互に連関し合って適合した場所を
なしている。このことをハイデガーは，「適所全体性（Bewandtnisganzheit）」と
呼んでいる。たとえば，学校教育においても，ある子どもは，自ら使用してい
る筆箱から消しゴムや鉛筆を取り出す。その子どもは，すでに筆箱は消しゴム
や鉛筆を収納するための道具であるということを理解している。その理解がな
ければ，筆箱の用途はわからず，ただの物体となってしまう。

　もちろん，各々の道具の用途は経験的に知るのであるが，日常的には，子ど
もたちは，筆箱が鉛筆や消しゴムを収めるものとして常に存在しているという
ことを自覚しているわけではない。しかも，その筆箱は，どんな筆箱でもよい
というものでもない。それぞれの子どもにはそれぞれのこだわった筆箱が存在
している。そこには，自らが使っている筆箱という道具への強い愛着心すら存
在している。その筆箱への愛着心，つまり，道具との強い関連性は，自己が本
来的な自己であることの証を示すものでもある。このように，身近に存在して
いる道具（遊具・教具）と子どもとの関わり，道具との対比から生成される自

己が自己であるということの証左は，まさに身近な道具，日常親しんできた道具との関係性から提示され得るものであろう。

　また，子どもたちが使用するカラー刷りの教科書などの教材も，それぞれの子どもたちの書き込みによって，自分独自の教科書としてその存在をあらわならしめる道具なのである。17世紀中ごろ，世界で最初の教科書『世界図絵』を著したコメニウス（J. A. Comenius）は，その教科書に絵や図を用いて子どもたちの理解を促し，事物などに興味をもつことができるように工夫をこらした。コメニウスの時代の子どもたちも貴重な自らの教科書として『世界図絵』に愛着を示していたことと推測される。絵や図をふんだんに使っている『世界図絵』は，誰もが直観的に理解できるものだったのである。

　校舎や教室といった道具も，そこで大半を過ごす子どもたちにとって，より居心地の良い空間となるためには，穏やかで温かいまなざしを教師が子どもたちに向け，見守るということが前提となる。子どもたちは，学校教育において，自らが走り回っているグラウンド，遊具，校舎，教室，勉強机，椅子などを含め，すべての手許にある校内の事物があるとき自己の成長を支える存在だということに気づかされる。世界で最初の幼稚園をつくったフレーベル（F. W. A. Fröbel）は，子どもの表現活動を豊かにするために子どもたちが遊ぶための道具（遊具），すなわち「恩物（Gaben）」を考案したことでも知られている。フレーベルもまた道具である恩物が子どもの成長には非常に重要なものであるということを経験的・直観的に認識していたのであろう。

　学校で使う身近な日用品，教室等への教師の気遣いが子どもたちに伝わることによって，それらを使う子どもたちに，周りのものを気遣うという気持ちも育まれる。そのような道具との関わり，道具を通じて子どもたちが捉えていく事物は単なる事物ではなく，一人一人の子どもたちにとってもかけがえのない存在として浮かび上がってくる。そして自らが自らを形成していく，人間形成していく過程は，学校における身近な道具，遊具，教具，教室空間，校舎等を媒介として顕わとなるのである。

2　「教育」の語義から考える

（1）「教える」ということ

　私たちが日常使っている漢語の「教育」という熟語は，「教」と「育」との合成語であり，そもそも中国から伝わってきたとされる。一説には，「教」という字は，語源的には，孝の上部は，子どもが上の者を模倣する，上の者にならうといった意があり，大人と子どもの間に交流がある，何らかの応答があるという意味合いを持っている。大人と子ども，教師と児童・生徒，師匠と弟子，親と子とが互いに交流していくということである。「教」という字には，大人が教えるだけでなく，その受け手である子どもが能動的にならう，模倣するという相互的な交流を通じてなされる営みという意味合いが内包されている。攵は，子どもを棒や鞭で叩いて教え込む，しつけるといった意味合いだったとする説や，手に棒とかを持って作業をするといった意だとする説もある。

　いずれにしても注意を喚起し，良いことあるいは善いことを伝授しようとすることを意味していたのであろう。現代の学校教育においても，子どもたちの規範意識を高める取り組みがなされているが，古代においても社会の規範を教え込むということが，この攵という字には込められていたのではないだろうか。「教」という字は，先生や親といった大人が，子どもに対して善い悪いの判断や道徳的な事柄などを教えて，そのことを子どもが能動的に受け止めるといった，教えることと，習うこととが同時並行的，相互的に交流すること，相互に応答することと解してよい。まさに，現代の教育で唱えられているアクティブ・ラーニングという教育の手法が，すでに「教」という語源にまで遡れる教育方法の一つであると言えよう。

　「教」，すなわち教えることには，人間関係にとって必要とされるコミュニケーションすることが前提とされており，コミュニケーション力は，昔も今も求められる人間力であることがわかる。どれだけ教師がよい教材を用意し，よいと思って教育内容を指導したと思っても，その教師の言葉をしっかりと子どもが受け止めて子ども自らが主体的に学びたいと思い，知識を自らのものにしな

ければ意味がないということを「教」という字は教えてくれる。

　「教」という字が示すように，教えるというのは，ただ教師が一方的に教訓や知識を教授するのではなく，まさに，主体的・対話的で深い学びに通じる意味が込められていたのである。子どもの「授業がわからない」という言葉に教師は真摯に耳を傾け，教授したことの何がわからないのかを子どもたちに問い返すとともに，その授業内容の吟味に取りかからなければならないということである。「教」の原義がそもそも教師の一方通行的な伝授ではないということ，そのことは教師が伝えようとしている事柄を本当の意味で「わかった」と子どもたちが受け止めてくれるようになるまで繰り返し営まれる教え方のあり様なのである。

（２）「育てる」ということ

　一説には，「育」という字は，上部の亠（トツ）という，子の逆さまになった形と下部の月（ニクヅキ）から成立しているとされる。トツは，子が胎内から生まれてくる状況を表現し，ニクヅキは，肥立ちよく成長することを示している。赤ん坊は非常に成長が早く，多くの栄養が必要であり，そのためには養わなければならない。そういう意味で「育」という字は，養って育て，成長をうながすというふうに解することができる。

　現代の学校においても，子どもたちの成長に欠かせない栄養をどのように与えるのかということが食育の観点から取り上げられている。「育」という字が示すように，栄養により，子どもたちの健康な体をつくっていくことは，結果的に健全な精神を涵養することにもつながるだけでなく，人間形成になくてはならない要素であるといってよいであろう。クラス担任は，子どもたちがきちんと家庭で栄養をとっているか，学校給食はきちんと食べているかなど，個別面談などで聞いておかなければならないことだが，やはりこのことも「育」という語源が示しているように必要な指導なのである。

　「教育」を意味する英語の education は，ラテン語の educatio に由来しているとされる。この語は，引き出すという意味の動詞から来ている。独語の Erziehung は，erziehen という動詞に由来するが，これは引っ張る（ziehen）と

いう動詞からできたものであるとされる。すなわち，子どもの持っている能力を伸ばしていく，その子どもの素質や潜在能力をどんどんと引き出していくといった言葉として捉えることも考えられる。

　子どもの能力を育てていくためには，当然ながらその子どもを養っていく，大きく育てていくといった，子どもの身体的な発達を促していくといった意味が含まれている。子どもたちの自主性を伸ばし，それぞれの子どもの可能性を伸ばし引き出していくという思いが，この言葉に込められているのではないだろうか。引っ張るという言葉から私たちは，子どもたちを強引に導いていくというニュアンスをもつかもしれない。しかし，教師が子どもを一方的に引っ張っていくというのではなく，教師が子どもを誘うと同時にその教師に子どもたち自らが誘われていくことによって成立している。たとえば，「特別の教科 道徳」の「導入」「展開」「終末」という授業進行において，教師が「終末」では，このように行動しなさいとか考えなさいというふうにまとめない。道徳科授業では，いわゆる他の教科と同じような「まとめ」をするのではなく，多面的多角的に子どもたち一人一人が答えを導き出せるように誘うのである。まさに教師の導く内容を子どもたちが理解し覚えるだけでなく，自ら教え学びはじめることが「教育」にとって大切なのである。

3　真理を探究し，学びを深める

（1）子どものもつ「真理・真相」への探究心から

　子どもたち，特に，小学校高学年あるいは中学校の段階にある子どもたちが，「真理を大切にし，物事を探究しようとする心をもつこと」「真理を大切にし，真理を探究して新しいものを生み出そうと努めること」という道徳科の内容項目「真理の探究」にもあるように，「真理・真相」を探究するという授業経験は，そもそも，子どものもつ「真理・真相」への探究心を呼び起こし，呼び起こした「真理・真相」を大切にし，またさらに新たな「真理・真相」を探究しようとする意志等を引き出すことにある。その際，教師が「真理・真相」というものをどのように捉え，考えているのかによって，本当のこと，物事の真実

や真相を探究しようとする子どもたちの姿勢も変わってくる。

「中学校学習指導要領解説　特別の教科　道徳編」では，「真理とは，全ての人が認める普遍的で妥当性のある法則や事実，正しい在り方など」のことであり，「真実とは，うそや偽りのない本当の姿のこと」としている。「真理・真相」への問いから出発して，「真理・真相」というものの輪郭を探り，そのことによって，さらに，普遍的妥当性を持ちうる「真理・真相」なるものすなわち，「真理・真相」の本質を求め，そのことの意義を教師は子どもたちとともに探究する。探究するためには，教育思想家，哲学者たちの真理観に関する予備知識をまずもって教師が教え，その知識を前提として，子どもたちを「真理・真相」の探究へと向かわせることも必要となる。

だが，その際に考慮しなければならないことは，「真理・真相」というものが，容易に，すべて客観的な真理概念として把握できるものではないということであり，そのことを常に念頭に置いて教師は話をすすめなければならないということである。たとえば，道徳科の内容項目は，普遍妥当的な道徳的真理というものを提示しているが，この内容項目を容易に把握できるのであれば，真理が単に理念的なものとして知ることで十分であろう。

子どもたちが「真理・真相」を求めようとする心を育てること，またさらに，「真理・真相」を探究しようとする意欲や態度をもたせること，そのことによって降り注がれた太陽の光りのごとく，暗い部分，わからないところをかき消していく力が子どもたちに芽生えると言ってよい。ただし，留意しておかなければならないことは，私たちが目指すべき教育の目的が，「真理というもの」の知識の教授にあるのではなく，「真理・真相」へと向かうことの自覚を子どもたちに促すことにあるということである。

（２）ソクラテスとソフィストのもつ探究心の違いから

「真理・真相」を探究するということは，古代ギリシアにおいて，ソクラテス以前の哲学者たちの時代からすでになされてきたことである。タレスが万物の根源（アルケー）を水として説いたのも真理探究の一つである。ソクラテス以後の人間としての在り方と，「真理・真相」を探究することを結びつけて考

えるプラトンにおいても，「洞窟の比喩」に象徴されているように，洞窟という隠れた暗闇という隠蔽されている世界から囚われの身である者（本当のもの，本当のこと，真実，真相を見ようとしない私たち）が脱出して，真なる世界を探ろうとする試みがなされていた。

　「真理・真相」を探究しようとする姿勢を子どもたちにもたせることができるならば，その「真理・真相」の本質へと迫ろうとする人間としての営みは，教育的に大きな意義を伴うものである。子どもたちが決断し，意志しようとする姿勢をもつことができるようになるためには，常に「真理・真相」を見つめる精神をもち，自ら鼓舞できる，そういう実践意欲と態度を育てる必要がある。

　紀元前 4 世紀から 5 世紀，アテネでは，ソフィストと呼ばれる職業教師が登場し，彼らとソクラテスとの教育に対する考え方，見方が根本的に異なっていた。民主政治が最高に発達した当時のアテネにおいて，そのポリスを支えるために必要な知識を与え，教える人としてのソフィストの存在は当然欠くことのできないものであった。ソフィストたちは，時代における法律，経済，政治といった学問の知識を青年たちに教授する必要があったのである。

　だが，ソフィストたちの教育は言わば，知識を青年たちに教え込む詰め込む教育でもあった。すなわち，青年たちの学びは詰め込んだ知識を疑うことなく応用すること以上ではなかった。それに対して，ソクラテスは青年たちとの対話を通じて，青年たちに自らが無知であることの自覚を促し，知識そのものを懐疑することで，真の知識の発見，「真理の発見」にたどり着くと考えた。まさにプラトンはこのソクラテスの助産術による「無知の知」に至る「真理の発見」を重視したのである。

　ハイデガーの『真理についてのプラトンの教説』などは，古代ギリシアの真理観について考察し，さらにその内容を深め，パイデイア，陶冶，教育と結びついた真理について考えていく上で，多くの示唆を与えてくれる。彼の真理についての考察の特異な解釈は，プラトンの「洞窟の比喩」からその「隠れなさ」を浮き彫りにしようとしているところに特徴がある。パイデイアによって「洞窟の比喩」に秘められている真実，真相，真なるものへと深く分け入ることにより，その本質規定があらわならしめられるのである。

その意味では，「真理・真相」を探究し，その真理的な事柄を把握すること
は，教育の本質と切り離して考えることはできないのである。それは「隠れな
さ」すなわち「アレーテイア（Unverborgenheit）」という「真理・真相」を本
質的に変容させたものとして捉え直すことである。その意味でも，私たちは
「隠れなさ」と，「隠れ」としての洞窟の比喩における「真理・真相」の本質へ
と向かう過程として子どもの自己形成過程を見直す必要がある。

　パイデイアという教育をあらわす言葉が，真理論と結びついた考え方は，先
述したハイデガーが示した「隠れなさ」，物事の隠れた状態を取り除いたとい
う「非隠蔽性」に結びついた「真理・真相」として提示しうる。いずれにして
も，「洞窟の比喩」の理解を深めることによって「真理・真相」に対する漠然
とした感覚的なものから考えを深めていくものの見方へと向かう道筋を子ども
たちに提供できるのではないだろうか。

4　自己形成の意義について

（1）古代ギリシアの教育観から

　『真理についてのプラトンの教説』の中で，パイデイア，すなわち教育，陶
冶についての本質規定として次のように論じられている。パイデイアは人間の
本質における転換への導きを意味していると。プラトンが「洞窟の比喩」を挙
げて人々に伝えようとしたことの一つは，魂という精神の働き，心の働きは全
体として，それが努力する根本方向へと転換させることにあったということで
あろう。比喩に隠されている自分の心の働き，プラトン的には「魂」というこ
とであるが，その心の働きそのものの転換（Umwendung）において，はじめて
自分が本来の自分になるという自己形成がなされると言えるのである。

　そのような転換を促すためには，パイデイアという教育，陶冶が必要であり，
その教育，陶冶は本質的に移り行きであり，「アパイデウシア」（パイデイアの
欠如）からパイデイアへと移り行くことでもあるのである。これまでの自分が
本来の自分となることという，自己の在り方の本質的な転換を可能にする自己
形成の働きこそが，パイデイアという「陶冶」「教育」の本質規定に隠されて

いる。「真理・真相」を求める教育というのが，ソクラテスの説いたような最高の善という，よりよき精神の在り方，心の在り方をもちうる陶冶として成立するゆえんもここにあるといってよいであろう。古代ギリシア，とりわけプラトンの時代においては，パイデイアという言葉は，陶冶され教育された人格となるための人間形成のこととして定立されていたと言えよう。

　ソクラテスの説いた最高善という，イデア，理想，理念へと自己の心の在り方を変えること，そのことは，「真理・真相」を探究することと密接に結びついていたのである。まさに教育の原理は，教育理念の根本的な事柄を問う領野でもあり，その領野へと子どもたちを誘うことが重要なのである。その意味でも子どもたちにとって，自分が自分であるということの本質的な転換，変容について考えることは，日常生活，学校生活において大切な営みなのである。

　「陶冶」という言葉をあらためて考えてみるならば，この言葉には二重の意味が隠されている。まず，「陶冶」は発展的鋳造という意味における形成である。だが，この形成は同時に標準を与える形象（Anblick），すなわち，範‐形（Vor-bild）と呼ばれるものに予め形成される。陶冶は同時に鋳造であり，ある形像（Bild）による導きである。標準を与える形象としての陶冶は，たとえば，鋳造すること，子どもを型にはめ込むための教え込みであると考えると，現代の学校教育においても，子どもたちにすべての教科に対して標準的な把握を望む傾向が見受けられる。

（2）現代の学校教育から

　発展的鋳造という意味における人間形成としての陶冶は，現代社会の中で望ましいとされる価値を子どもの自主性や主体性に配慮して教え込もうとする，主体的・対話的で深い学び（アクティブ・ラーニング）による教育にもつながっていると言えるのではないだろうか。もちろん，一人の偉大な哲学者のプラトン読解によるパイデイアの解釈を，単純に並列的に現代の教育用語に当てはめて述べればよいというものではない。そうではなく，パイデイアの本質的な要素が，現代の教育事象にも通じうる可能性が示唆されているということなのである。

小学校の教員として学校教育に長く携わっていた武田常夫は『授業に自信がありますか』(1988) という著書で，学校というところは，まず，教師が形をつくり，その形に子どもたちをはめ込み，決められた形の通りに行動できるような子どもを育てることが仕事だと思っていたというのである。しかしながら，そんな武田が，後ろ向きで手拍子を打ちながら子どもの先頭に立って誘導していくという教師の言動に違和感をもち始め，やがてそのような教師の言動を否定的に捉えてみるようになっていく。このことは，武田が疑うことのなかったそれまでの教師の言動に対して否定的な姿勢に転じたのは，武田自身の見る目が変わり，子どもを捉える目が変わってきたからに他ならない。

　日常の忙しい学校業務の中で，教師は，その業務に追われ，子どもたちを一元的に見てしまうことがあるかもしれない。しかしながら，そのような日常的な学校生活での営みにおいても，教師はもう一度，自らの行為を振り返るとともに，子どもたちの存在を見つめ直し，子どもたちの在り方を肯定的に捉え，日々の授業や，授業以外の活動などの学校生活のよりよい在り方を模索しなければならない。そのような学校生活で模索をしていくことで，教師自らが，さらなる自己を形成し，よりよき自己変容を遂げることで，子どもたち自身の生き方・在り方にも変化をもたらしうるのである。

　自己形成の意義は，自らが本来の自分を目指してその自分となるという自己変容にある。これからの学校教育における真理の発見，真理を探究するという，考えを深め，何らかの自己変容をもたらしうる学習によって，子どもたちの積極的な成長を期待したい。

┌─ 学習課題 ─────────────────────────────────┐

（1）教育とは何かについて，教育という言葉の語源にまで遡って考えてみよう。

（2）古代ギリシア「パイデイア」と呼ばれた「教育」と，現代の「教育」とを比較し，双方の教育に関連する自己形成の意義を見つけ出し，それらを話し合ってみよう。

└───┘

引用・参考文献

Martin Heidegger（1976）Gesamtausgabe Band 9 *Wegmarken*, Frankfurt a. M.

Martin Heidegger（1984）*Sein und Zeit*, 15 Aufl., Tübingen.

新井保幸・上野耕三郎編（2012）『教育の思想と歴史』協同出版.

上田万年ほか編著（1993）『新大字典』講談社.

武田常夫（1988）『授業に自信がありますか』明治図書出版.

多田俊文編（2012）『教育原理』学芸図書.

正木義晴（2002）『人間存在と教育の理論』酒井書店.

三井善止編著（2002）『新説 教育の原理』玉川大学出版部.

宮野安治ほか著（2011）『講義 教育原論――人間・歴史・道徳』成文堂.

森昭（1976）『現代教育学原論』国土社.

文部科学省（2018）『小学校学習指導要領（平成29年告示）解説 特別の教科 道徳編』廣済堂あかつき.

文部科学省（2018）『中学校学習指導要領（平成29年告示）解説 特別の教科 道徳編』教育出版.

谷田貝公昭ほか編（2006）『教育基礎論』一藝社.

ルドルフ・ラサーン，平野智美・佐藤直之・上野正道訳（2002）『ドイツ教育思想の源流――教育哲学入門』東信堂.

（佐藤光友）

第 2 章

教育についての考えを深めるために(1)
──西洋の教育思想から

　本章では，西洋の教育思想の展開──特に，教職を志す皆さんが児童・生徒を教えることについて考えるためのヒントともなる，それぞれの思想家・実践家の「教える」という営みについての探求，教育方法論に焦点を当てつつ考えていきたい。まず，初期近代の教育思想として，コメニウスとロックが，教えるという営みをどのように捉えていたかについて考察する。続いて，子ども観と教育観が密接に結びついた思想が展開された近代教育思想の展開を概観し，ルソー，ペスタロッチ，ヘルバルト，フレーベルらの子どもと教育に関する探求の諸相を明らかにする。さらに，ルソーが拓いた「子どもを子どもとして」尊重する近代教育思想を継承しつつ，19世紀末から20世紀初頭にかけて各国で展開された新教育運動とその教育思想・教育方法について考察し，現代における，子どもの教育に関する課題と展望について読者とともに検討を試みたい。

1　初期近代の教育──近代公教育に向けて

（1）直観教授の源流：コメニウスの教育思想

　学校で用いる教科書に絵が配置され，また，さまざまな教育メディアを用意し，子どもの感覚を通じて教えていく──現代の教育現場でも当たり前に見られるこの光景は，モラビア（現在のチェコの東部地方）出身の哲学者，教育学者であるヨハン・アモス・コメニウス（Johannes Amos Comenius; Jan Ámos Komenský）の教育論にそのひとつの源流が見られる。コメニウスは，ボヘミア同胞教団の付属学校で初等教育を，プシェロフのラテン語学校で人文主義教育を受け，その後，牧師になるためにヘルボルン大学で神学を学び，アムステ

ルダムやハイデルベルクへの留学を経て，1614年にプシェロフで初等学校の教師となった。その後，ボヘミア同胞教団の牧師を務めるなどしていたが，三十年戦争に巻き込まれ，祖国は戦争の災禍を被り，妻子を失い，亡命生活を送った。彼は亡命生活中，祖国の復興や平和への願いを次世代の教育に込めた著作を記した。この著作が，体系的な教授法や近代的な公教育の学校体系を基礎づけたとされる，『大教授学』（*Didactica Magna*, 1657）である。

　『大教授学』では，コメニウス自身が記したように，「あらゆる人に　あらゆる事柄を教授する・普遍的な技法を　提示する」（コメニュウス 1975：13）ことが目指されている。彼は，いかなる場所でも，男女両性の青少年がひとりも無視されることなく，学問・徳行・敬神の心を学び，現世と来世の生命に属するあらゆる事柄を「僅かな労力で　愉快に　着実に」（Ibid.）教わることのできる学校の必要性を説いた。上記を実現するために彼が重視したのは，「直観教授」，学校教育制度である。

　彼が提唱した「直観教授」とは，視覚等の感覚に訴えかける教材を用い，子どもの感覚を通じて知識を身に付けさせる教授法である。コメニウスは，「知識の真実さと的確さとを左右するものは，やはり感覚の証言以外にない」，なぜなら，感覚が知覚する以前には，何物の認識も存在しないから（コメニュウス 1973：10）と考える。彼は，当時の，文献中心主義や書物による知識の暗記・暗唱を主とした教育に疑問を呈し，教育活動は「事物そのものをよく観る」ことから始め，事物が認識された後で初めて，事物をもっと詳しく説明するために「言葉」を用いるべきであるとし（Ibid.），教育における「直観」の重要性を指摘したのである。彼の「直観」を重視する思想と教授法は，世界で最初の絵入り教科書として知られる『世界図絵』（*Orbis Pictus*, 1658）にも反映されている。

　次に，コメニウスが提示した学校教育制度についてみていこう。コメニウスは，幼児から青年に至るまでの24年間，教育が継続されるべきであるとし，各段階の教育を次の4段階に分類している。① 幼児期（1〜6歳まで）：母親の膝，② 少年期（7〜12歳まで）：初等学校あるいは国民母国語学校，③ 青年前期（13〜18歳まで）：ラテン語学校あるいはギムナジウム，④ 青年後期（19〜

24歳まで)：大学および海外旅行（コメニュウス 1973：95-96)。年齢と進歩の段階に基づいて，それぞれの学校体系と教育内容が構想されており，彼の提示した学校教育制度論と，『大教授学』の中で構想された，教育を身分や階級の違いを問わず，あらゆる人々へ向けようとした教育論は，近代教育学の基礎を築いた。

（2）タブラ・ラーサとしての子どもと習慣形成：ロックの教育思想

　ジョン・ロック（John Locke）は，1632年，イングランド南西部，サマセット州のリントンに生まれた。幼少期は家庭での教育を受け，15歳でウェスト・ミンスター校に入学，1652年よりオックスフォード大学で哲学と医学を学んだ。その後，クライスト・チャーチでギリシア語や修辞学を教え，1667年以後，アントニー・アシュリー＝クーパー（Anthony Ashley-Cooper; 後の初代シャフツベリ伯爵）の秘書兼侍医の任を務めたが，シャフツベリ伯爵の政治亡命に伴い，ロックは1683年から6年間，オランダに亡命した。名誉革命によりイギリスに帰国した後，オランダ亡命中に友人の息子の教育のために送り続けた書簡が基になった『教育に関する考察』（*Some Thoughts Concerning Education*, 1693）が出版された。同書はイギリスのみならずヨーロッパ各国で翻訳され，教育書として広く読まれた。ロックが生きた時代は，身分制社会から近代社会への移行期であり，神や王に従属する他律的人間から，自らの意思で正しく社会を生きる自律的人間へと，社会が要求する人間像が変化した時代でもあった。

　ロックは，新しい時代の人間についての考察を試み，「経験論」の哲学と人間観を提唱した。ロックは，子どもを「タブラ・ラーサ」（白紙）に喩え，人間は生まれた時には何も書かれていない白紙の状態であり，経験や教育によって観念や習慣が形成されていくと捉えた。ロックは，『人間知性論』（*An Essay Concerning Human Understanding*, 1689）において，次のように，観念や知識を生み出す「経験」の重要性を指摘している。

　　　心は，言ってみれば文字をまったく欠いた白紙で，観念はすこしもないと想定しよう。どのようにして心は観念を備えるようになるか。人間の忙

しく果てしない心想がほとんど限りなく心へ多様に描いてきた，あの膨大
な貯えを心はどこからえるか。どこから心は理知的推理と知識のすべての
材料をわがものにするか。これに対して，私は一言で経験からと答える。
この経験に私たちのいっさいの知識は根底をもち，この経験からいっさい
の知識は究極的に由来する。　　　　　　　　　（ロック　2004：133-134）

　また，ロックは徳育を重視し，理性によって自己の欲望や傾向性をコントロ
ールできる力をもつ――そしてその力は習慣によって得られ，強められると考
えた（ロック 1988：46-47）。また，彼は，人間が生来，快楽を求めようとする
傾向をもっていることを指摘し，家庭のしつけや外からの働きかけによって正
しい習慣を形成することの重要性を説いた。そしてその方法は，親や教師が，
子どもの気質やその精神の独自の構造を慎重に観察すること，子どもというも
のを知ることから導かれるとした。

2　近代教育思想の展開

（1）子どもを子どもとしてみる：ルソーの教育思想

　ジャン・ジャック・ルソー（Jean-Jacques Rousseau）は，1712年にジュネー
ブに生まれた。16歳の時に自由な放浪生活を開始し，パリに出て多くの知識人
と交流を行い，1750年にディジョンのアカデミーの懸賞論文に応募，当選し
（ルソーの第一論文と呼ばれる『学問芸術論』（*Discours sur les sciences et les
arts*）），1755年には『人間不平等起源論』（*Discours sur l'origine et les fondements
de l'inégalité parmi les hommes*）を，1762年には『社会契約論』（*Du contrat so-
cial*），『エミール』（*Émile, ou, De l'éducation*）を同時に出版した。『社会契約
論』は近代民主主義の方向性を示したものとして，『エミール』は教育学最大
の古典として知られている。

　ルソーの教育思想の特徴は，子どもの発達における「自然の歩み」を尊重す
ること，そして「子どもを子どもとして」（大人とは異なり，独自の価値観を
持った人間として）扱うことにある。子どもの発達の独自性を強調する彼の子

ども観は、「子どもの発見」と呼ばれ、『エミール』をはじめとする彼の教育思想は、後に続くペスタロッチ、フレーベルらの教育思想、19世紀末から20世紀初頭にかけての新教育運動にも大きな影響を与えた。ルソーは、「自然は子どもが大人になるまえに子どもであることを望んでいる」（ルソー 2008：162）と捉え、この順序をひっくり返そうとすると、成熟してもいない、味わいもない、そしてすぐに腐ってしまう速成の果実を結ばせることになると述べた。人間の各年齢、各段階にはそれぞれ固有の発達、成熟があり、それぞれの段階を充実させることが次の段階へと進むための準備となると彼は考えたのである。ルソーは、子ども時代を充実させることの重要性、それを大人が認識することの必要性を次のように述べる。

　　子どもを愛するがいい。子どもの遊びを、楽しみを、その好ましい本能を、好意をもって見まもるのだ。口もとにはたえず微笑がただよい、いつもなごやかな心を失わないあの年ごろを、ときに名残惜しく思いかえさない者があろうか。どうしてあなたがたは、あの純粋な幼い者たちがたちまちに過ぎ去る短い時を楽しむことをさまたげ、かれらがむだにつかうはずがない貴重な財産をつかうのをさまたげようとするのか。あなたがたにとってはふたたび帰ってこない時代、子どもたちにとっても二度とない時代、すぐに終わってしまうあの最初の時代を、なぜ、にがく苦しいことでいっぱいにしようとするのか。　　　　　　　　　　　　　　　（ルソー 2008：131）

　また、ルソーは「万物をつくる者の手をはなれるときはすべてよいものであるが、人間の手にうつるとすべてが悪くなる」（ルソー 2008：27）と述べ、子どもの自然（本性）と既存の文化・社会秩序の関係性を洞察し、子どもの自然（本性）の歩みに即して教育すること、教育における子どもの自発的活動を重視しようとする教育論を提示した。

（2）さまざまな教授法の誕生：ペスタロッチ、ヘルバルト

　ルソーの「子どもの発見」は、子ども期固有の発達特性の探求や子どもの生

を尊重し自発的活動を重視する教育方法の探求への道を拓いた。本節で紹介するヨハン・ハインリヒ・ペスタロッチ（Johann Heinrich Pestalozzi）は，ルソーの教育思想の影響を受けつつ，自らの教育実践を基に初等教育の教育論・教授法を確立した。また，ペスタロッチの影響を受けつつ独自の教育論を展開したヨハン・フリードリヒ・ヘルバルト（Johann Friedrich Herbart）は，さまざまな学校・教師に応用可能な段階的教授法を提示するなど，教育学の体系化に貢献した人物として知られている。彼らの教授法は，明治期の日本において「ペスタロッチ主義」，「ヘルバルト主義」として受容され，日本の教育の近代化および近代学校制度の確立にも影響を与えた。

① ペスタロッチの教育思想

　ペスタロッチは，1746年にスイスのチューリッヒに生まれ，青年時代にはルソーの『社会契約論』や『エミール』を読むなど，彼の思想の影響を受けた。ペスタロッチの活動と思想の大きな転機は，スイス革命に伴う争乱で生じたシュタンツにおいて孤児の救済・養育を担い，さらにベルン近郊のブルクドルフ学園で教育活動を行った頃に訪れた。1800年に開校されたブルクドルフの学園は，政府の都合でイヴェルドンに移されることとなったが，この学園には，ヘルバルトをはじめとして，ヨーロッパ諸国から見学者が訪れ，プロイセン政府からはペスタロッチ主義の教育を学ぶための留学生が送られるなど，一時期，世界の教育の中心地となった。

　　＊次節で詳しく述べるフレーベルも1805年と，1808年から2年間，イヴェルドンの学園を訪れてペスタロッチ主義の教育を学んだ。

　ペスタロッチはシュタンツの孤児院で子どもたちと過ごすなか，「教育愛」の重要性を認識し，さらにブルクドルフ学園において，以前より抱いていた「直観」を基礎とする教育の実験と応用を行い，コメニウスが構想した直観教授を発展させ，感覚による実物教授という側面に加え，人間の認識過程，「直観の原理」に基づき，事物の本質を直観・把握することを重視した能動的な直観教授論を確立していった。孤児院での経験，ブルクドルフ，イヴェルドンで

の教育の成果は，『メトーデ』（*Die Methode,* 1800），『ゲルトルートは如何にしてその子を教うるか』（*Wie Gertrud ihre Kinder lehrt,* 1801）に記された。ペスタロッチは，精神と知性の自然の歩みに沿って教育内容を配列し，「感性的な直観から明晰な概念へ」を教授法の中心に据えた。当時の学校教育において主流であった，言葉や文字でなく，「直観」を事物の認識の出発点とし，より複雑で抽象的な思考，「概念」の形成（事物の本質をつかむ）へと進む——「直観から概念へ」の原理に基づき，子どもの内的自然の発露と発達を扶ける教育の方法——は，「メトーデ（die Methode)」と名付けられた。ペスタロッチは，子どもを白紙や空の容れ物とはみなさず，「具現化する実際的で活気のある自主的な能力」と捉え，子どもの活動を通して有機的に自己形成へ導いていくことを重視しており，彼の子ども観はその教育論と密接に結びついている（ペスタロッチー 2001：262-263)。

② ヘルバルトの教育思想

ヘルバルトは，1776年にドイツのオルデンブルクに生まれ，1797年から3年間，家庭教師をしており，この頃ペスタロッチの学校を訪問し，『ペスタロッチの直観のABC』（*Pestalozzis Idee eines ABC der Anschauung untersucht und wissenschaftlich ausgeführt,* 1802）を記すなど，彼の教育実践と教育論に関心を抱き，影響を受けた。1802年よりゲッティンゲン大学の講師を務め，『一般教育学』（*Allgemeine Pädagogik aus dem Zweck der Erziehung abgeleitet,* 1806）を出版，晩年には『教育学講義綱要』（*Umriss pädagogischer Vorlesungen,* 1835）を出版している。

ヘルバルトは，ペスタロッチの教育論に大きな影響を受けつつ，批判的に検討し，教育学の体系化を行い，独自の理論を構築していった。ヘルバルトによれば，教育の目的は倫理学によって，教育の方法は心理学によって示されるという。ヘルバルトは，「教授のない教育などというものの存在を認めないしまた逆に，［…］教育しないいかなる教授もみとめない」（ヘルバルト 1969：19）と述べ，教育の目的は道徳性の育成（道徳的品性や知的な興味の形成を含む）にあると捉え，教養や人格形成と結びついた「教育的教授」の重要性を指摘し

た。また，ヘルバルトは，教授の方法として「四段階教授法」（明瞭・連合・系統・方法）を提示し，この教授の形式的段階は，19世紀後半，ヘルバルト派と呼ばれる教育学者たちによって世界各国に広まった。ヘルバルトの弟子であるヴィルヘルム・ライン（Wilhelm Rein）によって提示された「五段階教授法」（予備・提示・比較・総括・応用）は，子どもの興味を引き出しながら授業を段階的に構成し，知識の体系的獲得を可能とする，教授の形式的段階として，現代の授業展開にも応用されている教授学の理論的基盤となっている。*ラインによって示された教授理論（ヘルバルト主義教育学）は，日本においても，帝国大学に招聘されたドイツ人のエミール・ハウスクネヒト（Emil Hausknecht）による紹介，ハウスクネヒトの門下生であった谷本 富らの紹介によって，明治20年代，多くの学校に取り入れられ，一斉教授の普及に大きな役割を果たした。

*ヘルバルト派と呼ばれるヘルバルトの弟子たちをはじめとする教育学者は，教授段階の理論と方法を広く普及させた一方で，ヘルバルト派のヘルバルト主義教育学と，ヘルバルト自身が構築した教育論との乖離が指摘されてもいる。

（3）遊びを通して子どもの成長を援助する：フレーベルの教育思想

フリードリヒ・ヴィルヘルム・アウグスト・フレーベル（Friedrich Wilhelm August Fröbel）は，1782年，ドイツのオーベルヴァイスバッハに生まれ，1805年にペスタロッチの教育論に基づく「模範学校」に勤め，さらにスイスのイヴェルドンの学園を訪ねるなど，ペスタロッチの教育論から多くを学びながら独自の思想を深めていった。1840年には，フランケンブルクで「一般ドイツ幼稚園」を創設した。「幼児学校」ではなく「幼稚園」（「Kindergarten：子どもの庭」という言葉が示すように，植物が育つ庭園のイメージが，子どもが育つ場に重ね合わされている）という名称がつけられたのは，幼児に必要なのは従来の「学校」とは異なる場であるとの彼の理念が反映されており，フレーベルは世界で始めて幼稚園をつくった人物として知られている。

フレーベルは，人間の発達について，それぞれの段階の発達をその本性に従って充実させることが，次の段階の充分な発達の鍵であるとし，大人が子どもに対して，段階を飛び越えて青年や成人として取り扱ったり，考え・行動する

ことを要求することに警鐘を鳴らしている（フレーベル 1990：47）。フレーベル
は,「遊戯することないし遊戯は, 幼児の発達つまりこの時期の人間の発達の
最高の段階である」（フレーベル 1990：71）と考え,「遊び」は子どもにとって
欠かせないものであるとし, 教育方法の中心に「遊び」を据えた。フレーベル
は,『人間の教育』(*Die Menschenerziehung die Erziehungs-, Unterrichts- und Leh-*
rkunst, angestrebt in der allgemeinen deutschen Erziehungsanstalt zu Keilhau ; darg-
estellt von dem Stifter, Begründer und Vorsteher derselben, 1828) の中で子どもの
遊びについて次のように述べる。

　　遊戯は, この段階の人間の最も純粋な精神的所産であり, 同時に人間の
　生命全体の, 人間およびすべての事物のなかに潜むところの内的なものや,
　秘められた自然の生命の, 原型であり, 模写である。それゆえ遊戯は, 喜
　びや自由や満足や自己の内外の平安や世界との和合をうみだすのである。
　あらゆる善の源泉は, 遊戯のなかにあるし, また遊戯から生じてくる。力
　いっぱいに, また自発的に, 黙々と, 忍耐づよく, 身体が疲れきるまで根
　気よく遊ぶ子どもは, また必ずや逞しい, 寡黙な, 忍耐づよい, 他人の幸
　福と自分の幸福のために, 献身的に尽すような人間になるだろう。この時
　期の子どもの生命の最も美しい現われは, 遊戯中の子どもではなかろうか。
　――自分の遊戯に没頭しきっている子ども――遊戯に全く没頭しているう
　ちに眠り込んでしまった子ども――ではないだろうか。

（フレーベル 1990：71）

　フレーベルにとって, 子ども期の遊びは, 単なる遊びごとや無意味なもので
はなく, 極めて真剣で, 深い意味をもつものであり,「子どもの遊戯をはぐく
み, 育てること」(Ibid.) が教育の役割であった。彼は, 遊びを通して子ども
の成長を援助するために, 神からの贈り物を意味する「恩物 (die Gabe)」と呼
ばれる教具を考案した。恩物には自然界の法則や秩序が反映されており, 恩物
を用いた遊びや造形活動を通して, 子どもに内在する神的なものが認識・展開
され, 同時に子どもの興味や欲求に応じて感覚や思考力を発達させるものとし

て考案された。フレーベルによって，子どもの遊びは教育学において新たな価値を付与されたのである。子どもの遊びを大切にする思想は，現代の日本の幼児教育施設における保育・教育にも受け継がれている。

3　新教育運動と現代に生きる教育思想

　19世紀末から20世紀初頭にかけて，ルソーやペスタロッチ，フレーベルなどの近代教育の思想に影響を受けつつ，画一的な学校教育からの転換を試みる，新しい教育運動が世界各国で興った。この教育運動は「新教育運動」と呼ばれ，アメリカの進歩主義教育の発展に貢献したジョン・デューイ（John Dewey），「子どもの家」を創設したことで知られるイタリアのマリア・モンテッソーリ（Maria Montessori），子どもの自主性や自由な表現を生かした学びの学校の実現を目指したフランスのセレスタン・フレネ（Celestin Freinet），さまざまなフリースクールのモデルともなったサマーヒル・スクールを創設したイギリスのアレクサンダー・サザーランド・ニイル（Alexander Sutherland Neill）等が子どもの生を尊重し，発達を扶けるさまざまな教育思想や教育実践を展開した。本節では，現代の教育思想・実践にも大きな影響を与えているデューイとモンテッソーリの教育思想と実践についてみていきたい。

（1）自ら学ぶ力を育む：デューイの教育思想
　デューイは，1859年，アメリカのヴァーモント州バーリントンに生まれ，ヴァーモント大学において古典語・自然科学やオーギュスト・コント（Auguste Comte）の実証哲学などを学んだ。大学卒業後は，ペンシルベニア州の高校の教師やヴァーモント州の小学校の教師などを務めた。その後，大学院に進学し哲学を専攻，1884年にミシガン大学の講師となり，1888年にはミネソタ大学，1889年よりミシガン大学，1894年にはシカゴ大学において哲学・心理学・教育学の教授を務めた。彼はシカゴ大学時代に教育や学習の原理への関心を深め，1896年，シカゴ大学に実験学校を創設し（シカゴ大学附属小学校。一般に「デューイ・スクール」と呼ばれる），そこでの教育実践を基に『学校と社会』

(*The school and society*, 1899）を出版した。また，1916年には『民主主義と教育』（*Democracy and education*），1938年に『経験と教育』（*Experience and education*）を出版し，彼の提示した教育理論，および教育思想は現代にも大きな影響を与えている。

　デューイは，これまでの伝統的な教室には子どもが能動的に活動し，自らの興味を発展させるための場・カリキュラムが欠けており，子どもたちが機械的な「集合体（集団）」として受動的に取り扱われていることを危惧し，子どもたちが「活動」によって自らを個性化し，各自がそれぞれにはっきりした個性的な人間，「あのひとりひとりの子どもたち」（デューイ 2004：43）としての姿を示すことのできる教育を構想した。

　　旧教育は，これを要約すれば，重力の中心が子どもたち以外にあるという一言につきる。重力の中心が，教師・教科書，その他どこであろうとよいが，とにかく子ども自身の直接の本能と活動以外のところにある。［…］いまやわれわれの教育に到来しつつある変革は，重力の中心の移動である。それはコペルニクスによって天体の中心が地球から太陽に移されたときと同様の変革であり革命である。このたびは子どもが太陽となり，その周囲を教育の諸々のいとなみが回転する。子どもが中心であり，この中心のまわりに諸々のいとなみが組織される。　　　　　　　　（デューイ 2004：45）

　デューイにとって，教育は子どもの「生（life）」を中心とし，子どもの興味や自発性に基づいて構成されなければならず，学校は子どもが真に生活する場でなくてはならなかった。デューイは，上記の実現を，「仕事（occupation）」を学校に導入するという方法で試みた。実験学校においては，木片と色々な道具を用いる工作室作業，料理，裁縫，織物作業等の仕事が試みられ，それらの仕事には，「社会生活においていとなまれる或る形態の作業の再現」（デューイ 2004：139），あるいはそれと対応して行われるもの，という意味が込められている。デューイが構想した仕事は，結果や成果を求める職業訓練のための作業・教育とは区別され，仕事の目的はその仕事の内にあり，（手段とし

24

てや）外部の効用にではなく，仕事という活動そのもの・仕事から生じる自らの成長に価値が置かれた。

　教育の目的を外部に措定しないデューイの教育観は，「教育の目的は人々が自分たちの教育を続けていくことができるようにすることである」（デューイ 2004：162）とするデューイの教育目的論にもあらわれている。デューイは子どもが経験から学ぶこと，自ら学ぶ力・新しい自分へと変化する力を身に付けることを重視し，教育の過程そのものが目的であると考えた。子どもの興味や関心を大切にし，自ら学ぶ力を尊重するデューイの教育論は，現代における問題解決学習，探究型学習の理論的基盤となっている。

　また，デューイは，学校を「小さな社会」，「胎芽的な社会」（デューイ 2004：29）と捉え，「社会が自らのためになしとげた一切ものは，学校のはたらきをとおして，あげてその未来の成員の手にゆだねられる」（デューイ 2004：17）と述べ，学校（小さな社会）と社会（大きな社会）の進歩が結びついていることを指摘する。子ども（個人）が教育を通して経験を再構成し，自身を更新していくように，社会はその構成員の教育によって遂行される社会の再構成を通して更新されていく——教育とは個人と社会の不断の変化・更新の過程であるとデューイは考えたのである。

（2）生命の援助としての教育：モンテッソーリの教育思想

　モンテッソーリは，1870年にイタリアのキアラヴァレに生まれ，レオナルド・ダビンチ工科大学で学んだ後，1890年にローマ大学に入学し，1896年にイタリアで初めて医学博士の学位を取得した。1897年からローマ大学付属病院の精神科に勤め，同じ精神病院に収容されている知的障害の子どもの治療に携わりながら，知的障害の子どもへのアプローチについて，「医学の問題ではなく，教育学の問題である」との考えを深めていった。また彼女は，1904年から1908年まで，ローマ大学教育学部において身体人類学の講義を行い，その内容は『教育学的人類学』（*Antroplogia Pedagogica,* 1910）として刊行された。さらに，ローマ住宅改良協会の責任者エドワード・タラモ（Edoardo Talamo）との出会いと，彼の要請に応える形でモンテッソーリが中心となって行った「子どもの

図 2-1 「子どもの家」
（Roma, Italia, 2010年撮影）

家（Casa dei Bambini）」での実践は，モンテッソーリの初期の教育思想の形成
に大きな影響を与えた。モンテッソーリは1909年，当時スラム化しており衛
生・教育面で劣悪な環境にあったローマのサン・ロレンツォ地区において，子
どもの保護と教育を担う「子どもの家」を創設し，「科学的教育学」の構築を
試みた。さらに，「子どもの家」での経験を基に記された『子どもの家の幼児
教育に適用された科学的教育学の方法』（*Il metodo della pedagogia scientifica ap-
plicato all'educazione infantile nelle case dei bambini*, 1909）が発刊されたことによ
って，彼女の理論と実践は「モンテッソーリ・メソッド」として英米・日本を
中心に急速に広まりを見せた。

　さらに，初期の，教育・子どもに対する「科学的」探求，観察の中でも認識
されていた，子どもの内的な力の捉えがたさと，子どもの飛躍的な成長への関
心は，モンテッソーリを「子どもの秘密」解明の旅へと向かわせた。モンテッ
ソーリは，1939年から1946年にわたるインド滞在，マハトマ・ガンディー
（Mahatma Gandhi）やジャワハルラール・ネルー（Jawaharlal Nehru）らとの交
流などを経て，インドにおける精神文化の影響を受けながら，1930年代からそ
の着想を得つつあった「宇宙的教育」（educazione cosmica：宇宙の進化過程お
よび人と宇宙，生態系との関連の中で人間および教育の位置づけを捉え直す，
また共生の方途を探るような構想）を体系化していく。1940年代末には，イン
ドにおいて，『人間の潜在力の教育』（*To educate the human potential*, 1948），

『子どもの心』（*The absorbent mind*, 1949）を出版し，それらの仕事のなかで教育を宇宙的調和のもと再構成する，新たな教育論を展開した（米津 2012）。

> ＊それぞれのイタリア語版初版タイトル，出版年は以下のとおり。[*Come educare il potenziale umano*, 1970]，[*La mente del bambino*, 1952]。

また，モンテッソーリは数回，ノーベル平和賞の候補にも挙げられたように，1930年代に集中的に平和に関する講演を行うなど，「教育と平和」について思索し，活動を行った人物としても知られている。モンテッソーリは，一時的に戦火のやんだ状態（消極的平和）ではなく，子どもの教育を通して未来の平和な社会を築いていくこと（積極的平和）を願い，それは子どもの内的な平和（秩序），それらが広がっていくことによって達成されると考えた。モンテッソーリは1952年，オランダのノルトヴェイク・アン・ゼーで81歳の生涯を閉じたが，彼女の墓に刻まれた言葉には，彼女の平和への願いと教育に託した思いが込められている――「愛する子どもたちよ，人類と世界が平和になるよう，手伝ってください」。

> ＊ Io prego i cari bambini, che possono tutto, di unirsi a me per la costruzione della pace negli uomini e nel mondo.

モンテッソーリは，子どもの「絶えざる自己更新をともなう子どもの学び」（autoeducazione）を重視し，「教具」や「整えられた環境」を媒介としながら，「子どもがひとりでできるのを助ける」（生命の援助 aiuto alla vita）教育論・教育方法を構築し，現在でも，モンテッソーリの教育思想・教育方法を適用した世界各国の園や学校において，モンテッソーリ教育が実践されている。モンテッソーリは，子どもたちが大人に向かって「自分ひとりでやれるように私を手伝って／助けて（Aiutami a fare da solo)」というメッセージを発していると捉える。一人ひとりの子どもは，他の子どもたちとは異なる，それぞれ創造の独自性を秘めている存在であり，子どもが成長し，活動する環境への配慮，「子どもの生命（vita）の援助」が教師や大人にとっての重要な仕事であると述べた。モンテッソーリ教育における「環境」は，① 人的環境，② 物理的環境，

③ 精神的環境，からなる重層的な性質を有している（米津 2013）。

　まず，① 人的環境とは，指導者と指導者の役割を示している。モンテッソーリは，教師の立ち位置を「教える人」から「導く人」へと転換させ，子どもの指導にあたるものを direttrice（direttore の複数形。学びの方向性を示す人）と呼んだ。モンテッソーリ教育においては，環境と子どもの間に，直接の交感が生じ，指導者は子どもの自己教育のための適切な環境を仲介する役割を担う。また，環境に気を配るとともに，求める子どもには居場所を知らせ，安定している子どもからは離れて子どもたちを見守るなど，指導者は子どもたちの心理的安心，自己教育を行う上での支えとして重要な役割を担う。

　次に，② 物理的環境とは，モンテッソーリの教育方法の特徴のひとつでもある「教具」と，教具による自己活動を可能にする空間構成を意味している。教具は，子どもたちの興味を引きつける特徴をもっており，教具との関わりを通して子どもたちは感覚や知性，精神を発達させる。それらの教具は，子どもが自分の興味に応じて自ら手にすることのできる高さの棚に並べられ，それらを用いて時間的・空間的にも自由に活動のできるスペースと環境が重視されている。

　さらに，モンテッソーリ教育では，③ 精神的環境が重視されるが，これは心の糧としての環境を意味している。環境に「愛情で包み込む」という意味が付与されており，「愛」が子どもの自己確立に不可欠なものとして語られる。モンテッソーリは，「子どもの家」の「家（Casa）」がもつ役割について次のように述べている。

　　　家は壁だけからなるのではない。これらの壁は，家庭の神聖な象徴である
　　　あの親密さの純粋で輝かしい保護者なのだが。家庭はこれ以上のものにな
　　　るだろう。家庭は生きている！それを魂を持っている。それは居住者を女
　　　性の優しい慰める腕を持って抱くと言えるだろう。それは道徳的生活，祝
　　　福を与えるものである。それは幼いものをケアし，教育し，養う。

　　　　　　　　　　　　　　　　　　　　　　　　　　　（モンテッソーリ 1974：57）

　モンテッソーリは，身体が充分に保護されていても，子どもの魂が見捨てられている状態では，子どもは真の自由を得られないとし，「愛情と注意」を子どもの成長と自立に不可欠な存在として位置づけている。モンテッソーリは，子どもの発達の基盤には，身体的配慮に加えて，それぞれの子どもの発達にあわせた精神的配慮が必要であると述べ，子どもとの関わりにおいて，「援助すること」と「共にあること」双方の重要性を指摘している。この2つの視点は，現代における保育・教育について考える上でも欠かせないポイントであろう。

4　子どもの教育をめぐって

　本章では，コメニウスからモンテッソーリまで，さまざまな教育思想を紹介してきた。それらの教育思想は，当時の社会背景・時代の要請・脈々と続く先人の教育論の流れと関わりつつ，それぞれの思想家・実践家が真剣に「教育」という営みと向き合い醸成されたものであった。また，彼らの提唱した教授法・教育方法は，被教育者（子ども）に対する深い思索・洞察あるいは，目の前の子どもの観察・子どもとの関わりを背景とし，構築されている。「子どもについて，子どもへの働きかけについてどのように考えるのか」という彼らが問い続けてきた問いは，親として子どもと関わる時，教師として児童・生徒と関わる時，地域で子どもと関わる時──さまざまな場面で現代の我々にも向けられている。

　また，現代の子どもの生や育ち，教育について考える一つの参照点となる，「子どもの権利」をめぐる歴史を概観しておくならば，ロックやルソーによって「子ども」に関する思索が論じられ，ルソーの「子どもの発見」によって子どもが子どもとして扱われ，子どもの視点に立って教育について考えていく道が拓かれた。19世紀末には，「20世紀は児童の世紀である」と宣言したスウェーデンのエレン・ケイ（Ellen Karolina Sofia Key）によって，子ども独自の権利に目が向けられ，児童尊重の教育が論じられた。国際的な文書に目を向けると，第一次世界大戦で多くの子どもが犠牲になり，その反省から，子どもにとって最善の社会の実現を目指した「子どもの権利に関するジュネーブ宣言」(1924)

が採択された。ジュネーブ宣言の訴えもむなしく勃発した第二次世界大戦の反省から，1959年には「子どもの権利宣言」が採択され，30年後の1989年に「子どもの権利条約（児童の権利に関する条約）」が国連総会において採択された（1990年に発効，日本は1994年に批准）。子どもの権利条約では，子どもには「生きる権利」「守られる権利」「育つ権利」「参加する権利」があることが示されている。これらの歴史の流れを経て，子どもの権利・子どもが自分らしく生きることを尊重し，子どもの幸福を願う方向性が大切にされている。

　本章で紹介した19世紀末から20世紀初頭の教育思想家・実践家達もまた，独自の視点で子どもの権利を尊重する思索を展開した。子どもを，固有名をもった一人の人間として扱い，子どもの興味から出発する教育を説いたデューイ，困難な状態に置かれた子どもたちの身体的・精神的「保護」から出発し，「生命の援助」としての教育を唱えたモンテッソーリ——彼らは子どもの「生」を尊重し，子どもの存在を一人の人間として認め，新しい社会の構築が未来を担う子ども達によって達成されることを願った思想家でもあった。

　「子どもの権利条約」が国連で採択されて約30年になる。現代の社会で，教育現場で，さまざまな人々が願った「子どもの権利の保障」は叶えられたのだろうか。子どもの貧困や，生活困難による家庭での虐待や育児放棄の問題，学校への市場原理の流入や競争により，生きることを急かされ，心や身体を壊す子ども——現代の子どもの声に耳を傾けることはもちろんのこと，子ども・教育を巡る思想や実践，歴史との対話を通して，今を生きる子どもたちの権利を尊重し，子どもの生や固有性を大切にする教育の道筋が照らされていくことを願い，本章を閉じたいと思う。

学習課題

（1）自分がこれまで経験してきた学校教育を振り返り，そこにはどのような教授
　　　法・教育方法が用いられていたか／本章で紹介した教育論・教育方法が反映
　　　されていた場面はあったか，それはどんな場面であったかについて考えてみ
　　　よう。
（2）「子どもの権利条約」（全文）を調べ，本章も参照しながら，現在，世界ある
　　　いは日本の教育現場で「子どのもの権利」が保障されている場面／そうでな
　　　い場面について考えてみよう。また，保障されていない場合，どのような配
　　　慮や対応が必要か友達と話し合ってみよう。

引用・参考文献

米津美香（2012）「モンテッソーリ教育における生態学的思考――「科学的教育学」
　　　と「宇宙的教育」の接点として」『教育哲学研究』105：150-168.

米津美香（2013）「保育者論における「専門性」に関する考察――モンテッソーリ教
　　　育における「援助すること」と「共にあること」の視点より」『保育の実践と研
　　　究』18(3)：68-78.

コメニュウス，鈴木秀勇訳（1975）『大教授学1』明治図書出版.

コメニュウス，鈴木秀勇訳（1973）『大教授学2』明治図書出版.

デューイ，宮原誠一訳（2004）『学校と社会』岩波書店，岩波文庫.

フレーベル，荒井武訳（1990）『人間の教育（上）』岩波書店，岩波文庫.

ペスタロッチー，東岸克好・米山弘訳（2001）「基礎陶冶の理念」『隠者の夕暮，白鳥
　　　の歌，基礎陶冶の理念』玉川大学出版部，243-325.

ヘルバルト，三枝孝弘訳（1969）『一般教育学』明治図書出版.

モンテッソーリ，阿部真美子他訳（1974）『モンテッソーリ・メソッド』明治図書出
　　　版.

ルソー，今野一雄訳（2008）『エミール（上）』岩波書店，岩波文庫.

ロック，服部知文訳（1988）『教育に関する考察』岩波書店，岩波文庫.

ロック，大槻春彦訳（2004）『人間知性論（1）』岩波書店，岩波文庫.

（米津美香）

第3章

教育についての考えを深めるために(2)
──日本の教育思想から

　　第3章では，日本の教育思想に関する検討を通して，教育についての
考えをどのように深めていけばよいのかについて，考察を試みたい。一
般に，「考えを深める」ためには，「いまの」「ここでの」「自分の」考え
方を，いったん括弧に入れて再考してみること，すなわち，「いま以外
の」「ここ以外の」「自分以外の人」の考え方と比較してみることが必要
となる。本章では，近代以降の日本の教育の流れを概観した後，「いま
以外」の「自分以外の人」として，近代日本の代表的な啓蒙思想家とさ
れる福沢諭吉の思想を取り上げる。福沢に関しては，「天は人の上に人
を造らず人の下に人を造らずと云へり」という言葉が有名であるが，は
たして彼の考え方は，そのような人間の平等を説くものだったのか。そ
れとも，実は，それとは正反対の，差別的なものだったのか。福沢の人
間観，国家観について考察することを通じて，教育に関して，考えを深
めていく方法を探りたい。

1　教育の二側面

　　個人と社会との関係という点から考えたとき，「教育」には，個人がどのよ
うに成長，成熟して，どのような人間に育っていくのかという「教育される個
人自身のための教育」という側面と，次世代を担う人々をどのように教育して，
どのような社会を創っていくかという「構成員教育」という側面とがあり，こ
れら二つは密接な相互関係にある。近代日本における教育の歴史を概観すると，
「個人自身のための教育」という側面が強調される時期と，「国家や社会のため
の教育」（「国民教育」）という側面が強調される時期とが，以下で見るように，
交互に現れてきたと考えることが可能であろう。

　まず，1872（明治 5 ）年に，明治政府はわが国最初の近代的教育法規である
「学制」を頒布した。そこには，個人主義的な立身出世主義的，実学主義的な
国民皆学の義務教育制度が示され，身分制社会から業績原理に基づく学歴社会
への変化が図られた。しかし，そのような制度は当時の社会の実態とはかけ離
れており，就学率の停滞を招いた。そこで1879（明治12）年には，田中不二麿
の上申に基づき，自由主義的，地方分権的な「教育令」が公布されたが，その
翌年の1880（明治13）年には，儒学を中心とした徳育を重視し，「修身」を筆頭
科目に位置づけ，教員の服務についても国家統制を強めた「改正教育令」が出
された。

　1886（明治19）年には，内閣制度の発足とともに初代文部大臣となった森有
礼により，「帝国大学令」「師範学校令」「中学校令」「小学校令」が公布され，
戦前の学校制度の基本体系が構築されることとなった。森有礼が暗殺された後，
地方官会議における徳育に関する建議を受け，井上毅と元田永孚により「教育
勅語」が起草された。それは，教育の本義は忠孝道徳によるとして，「忠君愛
国」の精神の涵養を説くものであり，国民道徳の根本理念としての「臣民」像
が示された。さらに，1903（明治36）年には国定教科書制度が制定され，国民
道徳思想の形成を目指した教育内容の統制が強化された。

　1910年代から1920年代にかけては，民間では，世界的な新教育運動の影響を
受けながら，自由主義的，児童中心主義的で，子どもの自主性・自発性を重ん
じる教育改革運動が展開され，大正自由教育運動と呼ばれた。

　その後，1931（昭和 6 ）年の満州事変を経て，1937（昭和12）年の日中戦争の
勃発へと至り，戦時下体制の教育政策が遂行されていった。1935（昭和10）年
には自由主義思想，社会主義思想を排除し，「国体」観念を基調とする教育の
振興を目的とする教学刷新評議会が設置され，1941（昭和16）年には，「国民学
校令」が公布され，「国民科」が設置された。そこでは，教育の目的は，国民
精神を体現し，国体に対する確固たる信念と皇国の使命に対する自覚をもたせ
ることであるとされ，戦争を聖戦と称し，聖戦遂行という国家目的に随順する
「皇国民」の錬成が目指された。

　戦況の悪化，広島，長崎への原爆投下の後，1945（昭和20）年に敗戦へと至

ったが，その翌年の1946（昭和21）年には，米国より第1次教育使節団が来日し，日本のそれまでの国家主義的な教育を否定して民主化を進めるために作成された報告書をもとに，内閣の諮問機関として置かれた教育刷新委員会の建議に基づいて改革が進められていった。1946（昭和21）年には日本国憲法が発布され，1947（昭和22）年には「教育基本法」が制定された。「教育基本法」には戦後教育の基本理念が語られており，教育の目的として，「人格の完成」と「平和的な国家及び社会の形成者」としての資質の育成が目指され，個人の価値，自主的精神が強調されており，日本国憲法の示す国民主権を担う主権者教育の理念が示された。

　ところが，戦後の東西対立下，1950（昭和25）年に朝鮮戦争が起こり，1951（昭和26）年に対日講和条約が締結される頃より，徹底した民主化という米国の当初の日本占領政策は変更され，それに符合して，1950年代には，「教師の倫理綱領」を定め，教科書検定体制を強化し，また，学習指導要領を改訂して，法的拘束力をもたせるなど，教育に関する政府の権限の強化，教育行政の中央集権化が進められていった。その後，高度経済成長期，バブル崩壊を経て，2006（平成18）年には，第1次安倍内閣のもと，「教育基本法」を改変して，日本の伝統・文化を尊重して「郷土や国を愛する心」を強調し，教育が個人的目的よりも社会的目的に多く寄与することを求める道義的な規定が増やされ，2015（平成27）年には，徳目主義的な「道徳」の教科化の実現へと至っている。

　以上のように，近代日本の教育史においては，個人と国家・社会との関係のあり方をめぐる変遷があったが，各時期における教育制度は，それぞれの基礎となる人間観，国家観に基づいて定められてきたと考えられる。上記の「学制」においては，「一身独立して一国独立する」と述べた福沢諭吉の思想的影響がみられるとされるが，果たして福沢の人間観，国家観は，実際にはどのようなものだったのか。そして，そこから教育に関して，どのように考えを深めていくことができるのか。次節以下で検討したい。

2　人間観をめぐって

（1）福沢諭吉における天賦の人権と天賦の能力

　本章の概要に記した「天は人の上に人を造らず…」は，福沢諭吉が『学問の
すすめ』初編（1873〔明治6〕年）冒頭に記した言葉である。福沢は「明らかに
啓蒙的自然法の流れを汲んで基本的人権の擁護」を主張した，とする丸山真男
の見解のように，福沢については，日本の近代化を導いた代表的な思想家であ
るという評価が従来から一般的である。同書の第二編において，福沢は次のよ
うに述べている。「人と人とのつり合いについては，同等であるといわないわ
けにはいかない。ただし，その同等というのは，有様が等しいということでは
なく，人間としての権利が等しいということである。有様を論じるときには，
貧富，強弱，知恵と愚かさに関して大きな差があり，まるで雲と泥との差のよ
うだが，他方，その人々がもっている権利については，全く同等であり，ほん
の少しの差異もあるわけではない」（以下，本章の引用については，一部を除
いて，原文に対する現代語訳を示すが，ぜひ『福沢諭吉全集』所収の各論の原
文にあたって，語句の字義を調べながら読むことをお勧めしたい）。

　しかし，福沢は，その数年後の1875，6（明治8，9）年ころに書かれたと
される「教育の力」においては，天賦人権の同等ではなく，天賦能力の差異を
強調している。福沢は「人の能力は天賦遺伝の限界があって，決してそれ以上
にはならない。……何百何千段階もの優劣は既に先天的に定っていて決して変
わらない」とし，「教育家の注意がいかに行き届いていても，生まれつきの愚
か者を知恵のある者に変えることはできないのはもちろん，どれほど努力して
勉強しても，元々もっていない才能を得させることは，望むべきことではない。
その人の遺伝的素質を観察して，可能な範囲にまで達するようにさせるだけで
ある」と述べ，遺伝による能力差に応じた選別的な教育を施す必要があると主
張した。また，福沢は，同時期に書いた「国権可分之説」においては，「百姓
（農民）や車挽（人力車夫）の学問を進めて，その気力が生まれるのを待つの
は，杉の苗を植えて船の帆柱を求めるのと同じだ。……ニュートンはアフリカ

の奥地に誕生することはないし，蝦夷の土人（北海道のアイヌの人々）からアダム・スミスが生まれることはない」と記した。

　さらに，1882（明治15）年の『時事小言』では，次のように述べている。「教育家は人の天賦を平等で一様のものであるとみなして，その能力の発達の差異は，教える者が巧みか拙いかと，学ぶ者が熱心か怠けるかによるのだとして教育を奨励するが，これはいわゆる誘導の方便であって，実際には常に人の能力差は天賦のものである。……天賦の身体に大小強弱があって，心の働きに大小強弱がないはずはない。……試みに大相撲を見よ。身体が小さく弱い者がどれほど努力しても，関取りの位に上るのは不可能なことは明らかであり，番付の下の方にいる小さな力士を見れば，ひそかにこれを憐んで笑うではないか……結局，世間の教育家がその教育奨励の方便のために，事実を公言することをはばかり，ついに天賦能力論を抹殺して一般にこれを忘れてしまったのである。……そもそも人間の天賦にこのような強弱の差があるのは決して偶然ではない。その差は父母祖先の血統に由来し，草木の種子，魚鳥の卵，種馬，種牛などの事実を見れば証明できる。人類が生まれ来る道理もこれと同じなのは明らかである。ところが，世の人々は鳥や獣や草木の種子を選ぶことを知りながら，人類の血統に注意する者が少ないのはうかつなことだ」。

　そして福沢は，「優生学（eugenics）」の創始者であるフランシス・ゴールトンが書いた『遺伝的天才』（1869）の内容を紹介する。「ガルトン氏は人生遺伝の能力を説くために，英国をもととして他国にも及ぼし，古今の有名な人物を列挙して判事，政治家，貴族，名将，文学士，詩人，理学士，音楽士，画工，神学者，ケンブリッジ大学の卒業生，競艇選手，英国北方の相撲の十三部門に分け，およそ300家族，977名の人物についてその血統を調査した」。その結果，有名な人物を出した100家族あたり，その血縁関係の有名な人物は，父31名，兄弟41名，子48名，祖父17名，伯叔父18名，姪22名，孫14名，曾祖父3名，従祖父5名，従兄弟13名，姪孫10名，曽孫3名，他の遠い親戚31名であった。

　ここから福沢が導く結論は以下の通りであった。この著作は「理論と事実を相照らして証拠を示したものなので，信じるに足る。……私は若いころから，同窓生や友人の中に優れた才能をもつ人がいれば，機会を見つけては直接，間

接にその人の祖父母・祖先について問いただすことが一種の癖となり，ひそか
にそれを記憶するようになって久しい。……曾祖父母以降，内外の親戚に傑出
した者がなく，偶然に特別な人物を生ずることはきわめて珍しい。……今この
能力遺伝の主義をもって日本全国の人民を広く見渡せば，士族の血統は惜しむ
べきだという理由は，特に長々と説明しなくても明白であろう」。

（2）蔑視の言葉

　以上のように，福沢は天賦能力の差異とその遺伝的要因を強く説いたのであ
るが，彼の書き残したものには，次に示すような差別的な表現が多数含まれて
いる。「神道であれ，仏教であれ，キリスト教であれ，大昔の「片輪（かたわ）
（身体の一部に欠損がある人）」の時代に適した教えであるから，世の中に片輪
がいる限りは，その教えもまた必要である。酒に酔って立小便をする者には警
察，夜に盗みに入る者には犬，いくじなし愚民に愚政府，馬鹿と片輪に宗教，
ちょうどよい取り合わせであろう」（「宗教の説」），男性の性欲を押さえるのは
「趁跛（ちんば）（足の不自由な人）に迫って走ることを促す」のと同じである
（「品行論」），生活のために身を売る女性たちは「夜叉鬼女」「人間以外の醜物」
だが，人間社会に娼婦が不可欠なのは，酒・煙草が有害だと知りながらやめら
れないのと同じで，植民地化のための移住に際し，娼婦の海外派遣は必要であ
る（「人民の移住と娼婦の出稼」），「支那」（中国の蔑称）の属国である朝鮮は「上
流は腐った儒学者の隠れ家，下流は奴隷の群れ」「頑迷固陋」「残酷不廉恥」
「卑屈」である，等々。

　福沢は以上のような蔑視の言葉を，彼が明治初期から多くの読者を得ていた
著作や新聞の論評において幾度となく繰り返したが，差別される側の人々が感
じる痛みに対する無神経さ，そのような言葉がさらに生み出していくむごたら
しい現実に対する無感覚は，当時にあっては，むしろ一般的なものであったか
もしれない。だが，一見些細なことのように見えるこれらの表現にこそ，その
人物の思想家としての質が表れていると考えられないだろうか。

　これに対して，福沢とほぼ同時代を生き，福沢と親交を結び，日本初の啓蒙
主義的団体「明六社」をともに設立した森有礼が書き残したものには，このよ

うな差別的な表現は見られない。森は英国留学時に，耳や目が不自由な人々のための学校を見学して，感想を記していた。「ああ，西洋の文明が開けていて盛んなことは素晴らしい！　このような耳や目の不自由な人々をも見捨てることなく，人として必要なことを教えて理解できるようにし，生活が安定するようにしているのは，盛んであるということである。その他のことは追って知るべしである。私はこのことを日本で聞いていたが，信じてはいなかった。いま眼の前で実際にこれを見て，あまりの感嘆に，どう表現すればよいかわからないほどだ」（航魯紀行）。

　ここには，福沢のように，個人の間の「事実」としての生れつきの差異を強調し，蔑視の眼差しを向けて「劣っている」と言いつらうだけなのか，それとも，事実は事実として，その次に何をすべきかを考えるのか，の違いが示されている。森は大日本帝国憲法の発布に先立って，憲法構想案として書いた"On a representative system of government for Japan"（『日本の代議政体について』）において，憲法を考える上での「普遍的な歴史的事実」として，次のように記している。「第1に，はるかな昔から，すべての成員に知的，道徳的，身体的な諸能力が平等に与えられていた共同体は一つもなかったことは，一つの歴史的事実である。第2に，このような能力の不平等は，あらゆる国において，人々の相互関係を損なう最初の原因となったこと，そして，行為に関する一定の規則を採用して遵守するように人々に強いて，それによって強者が弱者を傷つけないようにしたことは，一つの歴史的事実である。第3に，すべての進歩的な国々では，これらの規則が人々の知性の発達に従い修正され徐々に改善されてきたことは，一つの歴史的事実である」。

　個人間には差異があるという「事実」を強調し，「弱者」，「劣ったもの」を見下げる差別的な考え方と，「強者が弱者を傷つけないように」する「規則」を見つけ出そうとする考え方——これら2つの考え方の間には，人間というものを見つめる眼差しに大きな差があり，前者において，他人を見下げる優越感は実は自分自身に関する劣等感と一体のものなのであるが，次節では，国家観について検討することにより，引き続き考えていきたい。

3　国家観をめぐって

（1）福沢諭吉における「国体の情」と「蛮野文明の別」

　19世紀後半に日本はいわゆる明治維新と呼ばれる国家体制の変革を成し遂げたが，酒井直樹が『レイシズム・スタディーズ序説』で指摘するように，近代の世界は国際法が適用される「国際世界（＝「西洋（the West)」)」と，国際法の権限の外部に置かれた「非国際世界（＝「その他（the Rest)」)」とに分けられていて，国際法の秩序の外に置かれたとき，国家もその住民も，圧倒的に優越した西ヨーロッパ・北アメリカ列強諸国の軍事力や経済力に無防備にさらされてしまうことを，当時の日本の指導者層・知識人の多くは，意識していた。アジアやアフリカのほとんどの地域とその住民が，西洋列強による暴力と征服を被りつつある中で，植民地主義の暴力から自らを守るためには，近代的な国家組織を打ち立て，近代的な国民国家にふさわしい「国体」をもつ国民を造ることによって，「国際世界」の仲間入りをすることが必要だったのである（酒井 2012：43)。

　福沢諭吉は，このような危機意識に基づいて，日本社会を，個人のアイデンティティが周囲の人々との関係性（たとえば，「私」に妻と父と息子と友人がいるとき，「私」は妻にとっては夫であり，父にとっては子であり，息子にとっては父であり，友人にとっては友人である）から決定される「関係的同一性」に基づく社会から，「種」としての国家の一員としての国民であることを自らのアイデンティティとする「種的同一性」（たとえば，「私」は日本人であり，日本国民である）に基づいた社会へと変容しなければならないと考えていた。福沢は，儒学的な考えに立つ保守的な学者たちを批判して，昔は，社会の秩序は，全て互いに頼り合うことに基づいており，君主と臣下，父と子，夫婦，年長者と年少者が，互いに頼り合う関係に基づいて道徳を教えていたが，今後は，そのような相互依存から脱皮して，一人一人の個人が「一身独立」し，独立した個人たちの結束によって「一国独立」がなされなければならない（「徳育如何」）と述べている。

そのような国民たちの結束のために不可欠なのが「国体の情」である。福沢は述べる。「国体とは，一種族の人民が相集って心配も楽しみも共にし，他国人に対して自他の別を作り，互いに視ることを他国人を視るよりも手厚くし，互いに力を尽くすことを他国人のためにするよりも勉め，一政府の下にいて自ら支配し他の政府の制御を受けることを好まず，禍いも幸せも共に自ら引き受けて独立することをいうのである。西洋の言葉で『ナショナリチ』と名づけるものがこれである。……この国体の情が起こる理由には，人種，宗教，言語の共有や地理的条件があるが，最も優良な原因は，一種の人民が，ともに世間の変化の歴史を共有し，『懐古の情』（昔を懐かしむ感情）を共有する場合である」（『文明論之概略』）。

　福沢諭吉は，このような「国体の情」を共有する国民国家を造り出そうとしたが，当時の「国際世界」においては，他の国家から主権国家として認められた国民国家が，近代的な国家に十分なりきれなかった隣国や地域を植民地化することが当然であるとみなされており，そのような認識は，人種間には優劣の序列があると説く人種主義に基づいていた。英国，米国の地理書，歴史書をもとに翻訳，編集した『掌中万国一覧』（1869〔明治2〕年）において，福沢は，世界の五つの人種の性質と心情と風俗の概要について記している。「白皙人種（白人）：容貌，骨格，すべて美しい。心は聡明であって，文明の極度に達することができる性質があり，人種の最上である」，「黄色人種：才力は狭く，事物の進歩は非常に遅い」，「赤色人種：性質・心情が険しく，闘いを好み，復讐の念が常に絶えない」，「黒色人種：身体は強壮であり，活発に事をなすが，性質はなまけものであり，開化進歩の味を知らない」，「茶色人種：性質・心情は猛烈であり，復讐の念が非常に盛んである」。そして，福沢は世界の人種・民族の間には，「蛮野文明の別」があるとし，「蛮野」には「混沌」と「蛮野」とがあり，「文明」には「未開」と「開化文明」とがあるとして，「未開」とは，教化を受けるが，まだ広く行き渡っておらず，風俗が未だ開けないものであり，支那，ペルシャ，トルコがそれにあたり，「開化文明」とは，礼儀を重んじ信義を結び，才力が鋭敏で，精神は聡明なものであり，米国，英国，フランス，ドイツの人民は開化文明の民である，とした。

　人種・民族間の序列，優劣についてこのような認識をもっていた福沢は，英国の「圧制」（力づくで言動を押さえつけ，強制すること）に苦しむ中国に関して，次のように述べた。「深く支那人を憐むのではなく，また英国人を憎むのでもない。ただ憤り嘆き，英国人の圧制をうらやましがるだけである」，日本が「大いに国威を輝かす勢いを得たら，英国人と同じように支那人などを制御するだけでなく，英国人をも奴隷のように圧制して，その手足を束縛」し，（西洋人の）「圧制を圧制して，世界中の圧制を独占したい。……圧制を憎むのは人間の本性だが，他人が自分を圧制するのを憎むだけである。自分自ら圧制を行なうことは人間にとって最上の愉快と言ってよい」（「圧政も亦愉快なる哉」）。

（２）「脱亜」への道：「大砲弾薬」は「無き道理を造るの器械」

　福沢は，『通俗国権論』（1878〔明治11〕年）で語っている。「最も緊急で重要なことは，全国の人民の脳中に国の思想を抱かせることである」，「国の人心を奮い起こして全体を感動させる方法としては，外国との戦争以上のものはない」，「敵国から攻撃を受ける恐れがあることは，国内の人心を結合して立国の基礎を堅くするための良い薬」であり，「和親条約といい万国公法といい，たいへん美しく見えるが，ただ外面の儀式であり名目であって，交際の実際は権威を争い利益をむさぼるだけだ。世界古今の事実を見よ。貧弱で知恵のない小国が条約と公法に依頼して独立の体面を全うした例がないことは，誰もが知っている」，「今の禽獣（肉食の鳥や獣）世界において最後に訴えるべき道は必死の獣力だけだ」，「百巻の万国公法は数門の大砲に及ばず，幾冊の和親条約は一箱の弾薬に及ばない。大砲弾薬はそれによって有る道理を主張するための備えではなく，無い道理を造るための器械である」。このような「Might is Right（力は正義なり）」という考え方を，福沢は繰り返し主張した。「世界各国が互いににらみ合っているのは，禽獣が食い合いをしようとするのと同じであり，食う者は文明国の人間であり，食われる者は非文明国の人間だとすれば，我が日本国はその食う者の列に加わって文明国人と共に良い餌を求めよう」（「外交論」）。「権利は軍艦に住居し道理は砲口より出射す」（「条約改正」）。

　そして，国権を振起する方針政略を立てることこそが「私の一生涯の目的」

である（『時事小言』）とする福沢は，「脱亜論」（1885〔明治18〕年）において，次のように宣言するに至る。「西洋文明諸国が東洋に迫る勢いが不可避な中で，日本だけが古い方法を脱し，国民の精神は，すでにアジアの固陋を脱して，西洋の文明に移っているのに対して，固陋な朝鮮と支那は古来のアジア風の政教風俗にどっぷりとつかり，世界文明諸国の分割の餌食になろうとしている。今より数年以内にはそれらの国は滅び，その国土は文明諸国に分割されてしまうことは一点の疑いもない。……我が国には隣国の開明を待って共にアジアを再興する余裕はない。むしろそこから脱出して西洋の文明国と進退を共にし，支那や朝鮮に接する方法も，隣国だからといって遠慮する必要はなく，まさに西洋人がこれらの国に接する仕方に従って処分すればよいだけだ。『悪友を親しむ者は，共に悪名を免る可らず。我は心に於て亜細亜東方の悪友を謝絶する』ものなり」。

　1894（明治27）年8月1日，日清両国は宣戦布告した。福沢はこの戦争は「世界文明の風潮が人の手を仮りて波動を朝鮮に及ぼしたるもの」であり，日本の「純然たる文明自由の政府」の決定は「文明開進の為に戦ふもの」であって，「どれほどの困難があっても，日本全国四千万の人間が全滅するまでは一歩も退かずに，ぜひとも勝たねばならないと約束の定まったこの大切な大戦争」である，「家内相談の上，金一万円を軍費として拠出することに決した」（「私金義捐に就て」）。「一万円の金を出すのは，人体に例えて言うならば手足を切られるのと同じように思われる」が「軍隊の人々はさぞさぞ不自由難渋の事」であろう，これを思へば我々が毎日畳の上に居る」のも申し訳ない，と述べている（小田部礼宛書簡）。

　ここで，徴兵に関する福沢の見解と，現実の行動についてみておきたい。1884（明治17）年の「全国徴兵論」に，福沢は書いた。「日本国に生まれた男子には，その職業，家族，貧富，貴賤を問わず，平等に護国の責任を負担させることを自分は望む。社会の上流富貴有力の人々は，その子弟が徴兵年齢にあたる場合，たとえ父兄または知人縁故の力をもって見事にこれを免れて法に違反しないような方便があったとしても，特にその方便を用いないで，普通の貧賤の子とともに現役兵となる義務に服させることを私は熱望する」。しかし，論

説の中でこう記す一方で，福沢は，実際には，勅任官のような政府高官の子弟
には一人として服役する者がいることを聞かないのに，自分が「独りヲネスト
（正直，誠実）にあるも馬鹿らし」（福沢桃介宛書簡）いとして，次男・捨次郎
の兵役逃れを画策，実行し，見事に成し遂げた。

　黄海開戦で勝利した日本軍は制海権を掌握した。その際に福沢は述べている。
「目的とするのはただ国益だけであって，目に付くものは分捕品の他はない。
今度は北京中の金銀財宝をかっさらって，……かさばらぬものなればチャンチ
ャン（中国人への蔑称）の着がえまでも引っぱがして持ち帰ることこそ望まし
い」（「支那将軍の存命万歳を祈る」）。また，その3年後には，福沢は「台湾の始
末についての私の意見は，厳重にすることのみを方針と」して，「島民等で，
かりにも反抗の形跡を顕した者たちは厳罰に処することはもちろん，……一人
も残さず『誅戮して醜類をほろぼす』べきだ。……「少数を殺すは多数を活か
すの手段にして，土匪（土着民の賊）の如きは一人も余さず殺戮したるところ
にて，わずかの数にすぎず」（「台湾島民の処分ははなはだ容易なり」）と記した。
日清戦争の大勢が判明した段階で福沢は，「西洋流の文明主義」に「期待して
はしても，とても自分の生涯の中で実際に出会うことはないだろうと思ってい
たが，たった今，眼前にこのような盛大な事件を見るとは何ということだろう。
今や隣国の中国・朝鮮も我が国の文明の中に広く包み入れ」つつある（山口広
江宛書簡）と述べ，講和条約の後には，「昨年の大戦争において国の光を世界に
輝かして大日本帝国の重要性を示したことなどは，どのような洋学者でも三，
四十年前には想像していなかった。……長生きはすべきものだ」（「還暦寿筵の
演説」）と喜んだ。

　日本が西洋列強に対抗することこそ「人類の幸福，文明の進歩の為に，至当
の天職」（「世界の共有物」）である，と述べた福沢にとって，日清戦争の勝利は，
「天職」実現の喜ばしき一里塚であった。1899（明治32）年に，福沢は自身の生
涯を振り返って次のように語り，その2年後に死去した。「この日本国を兵力
の強い，商売の繁盛する国にしてみたいとばかり，それが最大の目的で……日
清戦争など官民一致の勝利，愉快ともありがたいとしか言いようがない。……
毎度私は泣きました。……そう思えば，私は自分のこれまでを顧みれば残念な

ことがないどころか，愉快なことばかりである」(『福翁自伝』)。その後，福沢の熱望したように，アジアの「首魁盟主」となり「世界中の圧制を独占すること」を目指して，日本は1945（昭和20）年の破滅に至るまで，植民地拡大，侵略への道をひた走っていくこととなる。

（3）森有礼，安藤昌益との比較

　森有礼の場合も，国民国家・日本の創出を人生最大の課題としたという点では，福沢諭吉の場合と同様であった。森は，「私は道路を歩いても，たとえば人力車に乗るにも，この車夫の頭には日本という脳髄があろうかと想像すれば誠に心細い感情が起こる」と語っていた。日本の国民的共同性を創り出すために天皇をいかにして利用するかを熟考していた森は，全国の学校に天皇・皇后の写真である「御真影」を下付して学校儀式の際に用いることを計画していたし，大日本帝国憲法発布式典の際に「天皇陛下万歳」と参加者全員で大声で唱和するべきだと主張した。視覚，聴覚，群集心理を活用しつつ，天皇を利用して国民国家を創出するための戦略を森は打ち出していった。また，森は，全国の学校の教室に，母が子を養育する図，子を教える図，子が青年になり軍隊に入る前に母と別れる図，国難に際して子が勇戦する図，子の戦死の報告が母に達する図を掲げるように，と演説していた。究極的には自己の生命を賭けて国家への忠誠を誓う「死の共同体」であるという国民国家の本質を，森は見抜いていたのである。

　しかし，その一方で森は，「忠孝」を道徳的価値として教え込むような従来の儒教主義的，徳目主義的な「修身」教育では時勢に適合しないとして，中学校，師範学校の「倫理科」の教科書として，自ら校閲した『倫理書』を文部省から出版させた。『倫理書』においては，「自他並立」，すなわち，共感に基づく利他的な共同性によって自己と他者が共生・並存を図ることこそが必要であるとされ，次のように記されている。「社会は，協力し分業して働く人間たちの集合体として成立するので，……人生の目的を達することができるのは，自分と他者とが調和し，親しみ合う度合いを進めていくべきだという自覚がある場合である。……自他の並立をもって標準とし，これによって，行動を取捨選

択し，努力し続けるときには，人々は必ず道徳的な領域に入り，国家は繁栄し，大いに安定と幸福を得るに至るだろう」，「人間たちの集合によって成り立つ社会は，有機的な集合である。……互いに協力して労働し，互いに助け合うことにより，その各部分が存在することができ，全体もまた存在することができる。……社会は，一人，一家，一村，一郡，一国の集合体であるので，各々その職とするところを務め，ともに協力して働かなければ，その集合体を維持していくことはできない。……自他相並び立とうと望まないときには，人々のすることは相抵触し，互いに敵意を生じ……ついには，その集合体を壊してしまう」，「大昔の未開の人民は，特に自己愛の念が強く，他者を愛する『公情』が薄かったが，歳月を重ね，世代を重ねるに従って，惨酷な行為を非難し，思いやりの深い行為に感激するようになった形跡があることは，歴史を振り返れば明らかである。……およそ世の中で尊重すべき行為は，おおむね同感の『公情』より起り，同感の『公情』は，自分と他者とが並び立たないことを残念がることから発生する」。

　ここに示されている「自他並立」の原理は，福沢の述べたような，世界は弱肉強食の原理に従う「禽獣世界」であり，「必死の獣力」どうしの闘争の場であるとして，「自他の別」を強調する見解とは，対極的なものであった。

　次いで，19世紀半ばに生まれ，国民国家を創り出すことを課題とした福沢諭吉及び森有礼と対比して，江戸時代中期の18世紀初頭に生まれた安藤昌益（1703〜1762）の国家観はどのようなものだったかをみてみたい。昌益は秋田に生まれ，青森の八戸で町医者をしながら独特な思想を生み出した。昌益は，自然循環の中で農耕を行っていた本来の生活を「直耕」と名づけた。そこでは自分たちの労働は自分たちの需要によって制約され，自分たちの需要は自分たちの労働によって実現された物資によってまかなわれるので，それらの物資への尊重への念が生じて，でたらめな浪費をしない。そこでは生産と消費，労働とそこから受け取る成果との間にはバランスが保たれている。このような貧富の差も支配関係もない平等な社会を，昌益は「自然の世」と表現した（稿本『自然真営道』第六）。

　それに対して，武士たちが支配する「法の世」においては，他人の生産労働

の成果を収奪して消費が行われるため，自己の欲望を適切に制御する条件としての自己労働の論理が欠如している。支配者たちが手に入れる物資は自分自身が汗して働いた活動の成果としての意味をもたず，ただ欲望の対象となるだけであり，ここから生産とのバランスを欠いた野放図な欲望の膨張が発生する。これを昌益は「不耕貪食」と名づけて批判する。度を過ぎたぜいたくや快楽を求める欲望が肥大化し，「妄欲」どうしの衝突と抗争が起こり，暴力や抗争へとつながっていく。ついには戦乱が始まり，本来，「天下は天下の天下」であった世界を，一部の人間が「我が国」だの「他国」だのと称して勝手に区画し，私物化し，「国を奪い奪われ合戦・争闘して止むこと無し」（『統道真伝』五）。

　そして，昌益は，中国古来の軍学書の一つである『司馬法』に対して，次のように批判している。『司馬法』には「殺人安人，殺之可也。攻其國，愛其民，攻之可也。以戦止戦，雖戦可也（仁本第一）」（一部の人間を殺しても，他の人々を安泰にするならば。その殺人は許される。他の国を攻撃しても，その民衆を愛するなら，その攻撃は許される。戦争によって戦争を止めさせるなら，戦争でさえ許される）という一節がある。しかし，よく考えてみれば，人を殺さずに人々を安泰にし，他国を攻撃せずにその民衆を愛し，戦争をせずに戦争を廃絶しようと努める方がはるかに良い。「妄りに辱めを知らざる拙言，国家の迷いと為る」（しっかりした根拠もなく，恥知らずで粗悪な主張は，国家の進むべき方向を誤らせるのだ）（稿本『自然真営道』第四）。昌益が示すこのような思想も，上述した福沢の好戦的な思想とは正反対のものだと言ってよいだろう。

4　人間観・国家観と教育

　本章の「2」，「3」において検討してきたことから，いかなる示唆が得られ，教育に関して，どのように考えを深めることができるのだろうか。一般に，学問・研究のもつ面白さ，楽しさのひとつ（おそらく最も重要なひとつ）は，これまで当然だと思っていたこと，あるいは，特に意識して考えていなかったこ

とに関して，あらためて考え直してみることを通じて，それまでわかっていな
かったことがわかるようになること，見えていなかったものが見えるようにな
ることであろう。そのためには，これまで当然だと思っていたこと，特に意識
して考えていなかったことを「括弧に入れる」ことによって，相対化すること
が必要であるが，相対化の具体的な方法としては，本章冒頭にも記したように，
「いまの」「ここでの」「自分の」考え方を，「いま以外の」「ここ以外の」「自分
以外の人の」考え方と比較してみることが有効である。

　そのような比較は，「いまの」「ここでの」「（これまでの）自分にとっての」
常識（と思っていたこと）を疑うことにつながり，さらには，現在の自分につ
いて，また，自分の生きている社会について，より根底的（radical）かつ批判
的（critical）にとらえて，今後のより良い自分のあり方について，また，今後，
自分が生きていく社会のより良いあり方について，模索することにつながると
考えられる。

　本章では，空間軸に関しては，日本の社会という点で共通するが，時間軸に
関しては，21世紀の現在とは異なる時期の思想家として，19世紀半ばに生まれ，
近代国民国家日本が建設される時期に活動した福沢諭吉の人間観，国家観につ
いて，福沢と同じく19世紀半ばに生まれた森有礼，及び，江戸時代中期の18世
紀初頭に生まれた安藤昌益との対比をも含めて，考察してきた。

　「3」でみたように，福沢や森が生きた時期の政治指導者・思想家たちにと
っての課題は，どのようにして日本に，日本人という民族，「日本国民」を造
ることができるか，ということであった。福沢は，日本の社会を，儒学的な道
徳に基づき，周囲の人々との関係性から個人のアイデンティティが決定される
「関係的同一性」に基づく社会から，「種」としての国家の一員としての国民で
あることを自らのアイデンティティとする「種的同一性」に基づいた社会へと
変容させなければならないと主張していた。「種」としての国家のもとに個人
が集結するために必要なものとして福沢が示した「国体の情」（『ナショナリ
チ』）は，その後，日本の独自性を強調し，国民の忠誠の対象を，神格化され
た「万世一系」の天皇へと焦点化する「万国無比の国体」へと姿を変えて行き，
アジア太平洋戦争に惨敗した後には，それは，パックス・アメリカーナ（米国

の支配のもとでの平和）のもとでの象徴天皇制へと接続されていくこととなる（戦前・戦中の天皇制と戦後の天皇制との連続性に関して，タカシ・フジタニが示すように，米国は真珠湾攻撃の直後から戦後の日本占領の方策を研究し始め，昭和天皇を戦犯とせず傀儡とすることによって，日本人の国民意識を占領政策に取り込む作戦を構想し，実現した（フジタニ 2000：137）ことに着目する必要がある）。

　本章で検討したように，福沢の人間観，国家観は，彼が心を砕いて日本に立ち上げようとした近代的な国民国家に適合的なものであり，「欧米列強」と称された他の国民国家群の場合と同様，「弱肉強食」の論理に従う帝国主義的，植民地主義的，民族主義的，人種主義的な思考と不可分なものであった。そのような思考は，福沢自身が認めていたように，「禽獣世界」における「必死の獣力」を競い合うものであって，自己の所属する「種」としての国家，民族を絶対視する自己中心的な思考に他ならず，「美しい日本を再建し誇りある国づくりを」，「アメリカ・ファースト」といったフレーズで語られるような，21世紀の現在も続くやたらと「国益」「愛国心」を強調する論議も，この類にすぎない。そのような思考は「21世紀の問題を，19世紀・20世紀のやり方で解こう」とするものであり，このような思考に留まっている限り，その先に明るい未来は決して見えてはこないだろう。

　前近代の，江戸幕府と全国の諸藩によって構成されていた幕藩体制においては，個人にとっての「全体」を示す「お国」は，各自が所属する藩のことであり，忠誠を尽くす対象としての「忠君」の「君」は藩主であった。ところが，地方政府としての300近くの藩が一つの中央政府に統合された明治期以降には，個人にとっての「全体」は日本という国民国家となり，個人の「国民」としての忠誠の対象である「忠君」の「君」は天皇のこととなった。幕藩体制下では，藩に所属する個人にとっての「我々」は自藩の人々のことであり，「我々以外＝他者」は他藩の人々のことであった。明治期以降には，「我々」は自国の人々，すなわち，自藩の人々と他藩の人々を含めた「日本人」「日本国民」のこととなり，「我々以外＝他者」は「日本人」「日本国民」以外の人々，即ち，「外人（外国人）」となったのである。

　しかし，「個」と「種」と「類」との関係から見れば，実は，「個」人にとって，「藩」も「国家」も「種」の一つに過ぎず，一方，「類」は「日本人」も「外人（外国人）」も含めた「人類」のことに他ならない。近代以降の「日本人」としての個人にとって，自分がたとえば（中津藩出身の福沢と同じく）大分県中津市で生まれ育った人であることに徹底してこだわって，「私にとって，中津市出身の人々こそが『我々』であり，中津市出身者以外の日本人は『我々以外＝他者』だから，そういう人たちとは親しく交際しない，できれば顔も見たくない」と公言したら，その人は「中津」という（いまではすでに重要性をもたなくなった）「種」を「日本」という（現在，重要と思われている）「種」よりも重視する非「近代人」であり，時代遅れの人であるという扱いを受けるだろう。その人は，ひとつのパラダイム（認識枠組）から次のパラダイムへと時代が移っていることに，残念ながら気がついていないのだ，と考えられるのである。

　それでは，これからの社会，世界は，どのように変化していくのだろうか。「19世紀・20世紀のやり方」は，福沢がからくも明示したように，「個」と「個」，及び，「種」と「種」との間の差異を強調し，「弱肉強食」の論理によって「優勝劣敗」を説くものであった。「21世紀の問題」は，そのようなやり方では，もはや「類」としての「人類」全体が立ち行かなくなっていることを示している。民族対立，宗教対立により繰り返される内戦やテロ，移民受け入れをめぐる対立，核兵器保有の有無による対立が続く核問題，地球環境の乱調を告げる異常気象現象，等々，「21世紀の問題」は，「類」を意識した上での，「種」と「種」との並立，共存を目指すことを考えることなくしては，解くことはできないことが，日々明らかになりつつあるのである。

　人と物と資本が国境をまたいで流動するグローバル化の流れの中で変容する日本の社会にとって，「目指すべき未来」における「我々」とは誰のことだろうか。先述の例で言えば，「私は日本で生まれ育った『日本人』なので，『我々』とは『日本人』のことであり，日本人以外の人々は『我々以外＝他者』だから，そういう人たちとは親しく交際しない，できれば顔も見たくない」という考え方は，もはや時代遅れなのではないか。「日本人としての自覚」を強

調し，「血」の純粋性によって区切られる人々たちだけが「国家の発展」に努め「優れた伝統」を継承する「我々日本人」なのだという言説は，外から日本に入ってくる人々に疎外感を抱かせるだけであり，従来の「我々」の結束の論理から，今後の「我々」を分断する排除の論理へと転化するであろう。それは，これからの日本の社会の望ましいあり方を構想する上で，目指すべき教育目的とはなり得ないのではないか。

酒井直樹は，以下のように述べている。「平等には比較可能性を逸脱する潜在性があり，平等の理念には制度化された平等の比較の場を顕在化し，その限界を超えようとする運動が秘められている。……つまり，平等の理念は制度化された平等を乗り越え，平等を再定義する力をもっているのである。平等の理念に内在するこの力を，私は，民主主義と呼びたい」，（民主主義は）「『同じである』ことを旨とする共同性ではなく，『違う』ことをもとにして社会性や共同性を作り出す私たちに内在する能力に支えられている。民主主義とは，『異なった人』たちと共生しつつ社会を作り出す私たちすべてに備わった社会性のことなのである」（酒井 2012：41）。「21世紀の問題」を解くことができるか否かは，日本社会に暮らす人々が，自分たちは，「『同じである』ことを旨とする共同性ではなく，『違う』ことをもとにして社会性や共同性を作り出」して共生していくのだ，という実感をもてるかどうかにかかっている。そのためには，福沢の言説が示しているような帝国主義的・植民地主義的な国民主義と不可分の，内なる人種主義的・差別的な人間観の克服が不可欠であろう。

「安らかに眠って下さい　過ちは繰り返しませぬから」。広島平和都市記念碑（通称：原爆死没者慰霊碑）の碑文には，こう刻まれている。歴史を学ぶ意味は，過去の過ちを知り，それを繰り返さないこと，そのためのより良い方法を考えることにあるだろう。何が過ちだったのかを考える上で，歴史を振り返ることは不可欠であり，歴史を見ることを否定する者は，現在を見ることも，未来を見ることも否定せざるを得ない。日本の教育思想の歴史について，あらためて考えることの意味も，まさに，そこにある。

学習課題

（1）「福沢の言うように，遺伝による能力差に応じた選別的な教育をすべきか」
　　をテーマとして，ディベートをしましょう。
（2）本章で述べた『21世紀の問題』を考えるために参考となる日本の教育思想に
　　ついて，グループで調べて，発表しましょう。

引用・参考文献

福沢諭吉著，慶応義塾編（1958〜1971）『福沢諭吉全集』岩波書店.

森有礼著，上沼八郎・犬塚孝明共編（1997〜2015）『新修森有礼全集』文泉堂.

鵜飼哲・酒井直樹ほか（2012）『レイシズム・スタディーズ序説』以文社.

安藤昌益（1981）『稿本自然真営道』（東洋文庫；402）平凡社.

安藤昌益（1966）『統道真伝』（岩波文庫）岩波書店.

タカシ・フジタニ（2000）「ライシャワーの傀儡天皇制構想」（『世界』672号）岩波書
　　店.

（長谷川精一）

第4章

教育についての考えを深めるために(3)

──現代の教育観から

　本章の学びのポイントは2点ある。第一に，高等学校の新学習指導要
領から，現代の教育観を示す「主体的・対話的で深い学び」と「道徳教
育の充実」について検討することである。そして，第二に，高等学校の
「倫理」に特有の活動である「先哲との対話」が，今，求められている
教育について深く考えるために，どのような意義をもっているのかを明
らかにすることである。この第二のポイントを論じるさいに，先哲の一
つとして，公民科学習指導要領解説に例示されている「現象学」を取り
上げる。

1　新学習指導要領にみる現代の教育観

　本節では，2018年に改訂された高等学校学習指導要領とその解説（文部科学
省『高等学校学習指導要領（平成30年告示）解説　総則編』東洋館出版社，2019年（平
成31年）。以下，本書を『総則編』と略記し，本書からの引用は，引用の直後にその頁
数を明記する）を中心に，小学校・中学校の新学習指導要領等を必要に応じて
援用しつつ，教育について深く考えるための手引きとなる現代の教育観につい
て論じる。もちろん，主たるテキストを学習指導要領とその解説に絞ったとし
ても，現代の教育観の全貌について論じることなど到底できない。そこで，本
節では，現代の教育観として，今，求められている教育の基礎に置かれている
ものが，①「主体的・対話的で深い学び」と「資質・能力の三つの柱」，②道
徳教育の充実であるということを，その内容を整理しつつ明らかにする。

　　＊高等学校教育にたいする高等学校学習指導要領の位置付けについて確認しておこ
　　う。高等学校は，小・中学校と異なり義務教育ではない。しかし，「法律に定め

る学校」である高等学校は「公の性質を有するもの」である，と「教育基本法
第6条」に明記されていることから，子どもたちには，全国のどの高等学校にお
いても同水準の教育を受ける機会が保障されていなければならない。そのため，
どこであれすべての高等学校で「実施される教育課程について」，「ある限度にお
いて国全体としての統一性を保つことが必要となる」。この観点から，高等学校
学習指導要領は次のように規定される。それは，「法規としての性格を有するも
のとして，教育の内容等について必要かつ合理的な事項を大綱的に」示すもので
ある，と。これが，高等学校教育にたいする高等学校学習指導要領の位置付けで
ある（『総則編』16頁参照）。

（1）「主体的・対話的で深い学び」と「資質・能力の三つの柱」

　なぜ学習指導要領が改訂されたのか。新しい学校教育は何を目指しているの
か。この問いから始めよう。今回の改訂の主たる要因は社会構造の変化にある。
社会構造の変化とは，日本の生産年齢人口の減少と急激な少子高齢化による超
高齢社会の到来，そして，IT・IoT技術の進歩によるグローバル社会の到来
を指す。こうした社会構造の変化に柔軟に対応し，近い将来，「質的な豊かさ
を伴った個人と社会の成長」を担う子どもたちに必要な学校教育を実現するこ
と，これが今回の改訂のねらいである（『総則編』1頁参照）。

　では，この新たな学校教育の実現という問題の核心に関わる，子どもたちが
身に付けることが望ましい「新しい時代に求められる資質・能力」（同上）と
は何か。その答えを端的に表現するキーワードが「主体的・対話的で深い学
び」であり，「資質・能力の三つの柱」である。この二つのキーワードは，こ
れからの教育を担う者が，子どもたちにとっての望ましい授業の在り方と子ど
もたちにとっての望ましい資質・能力を不可分のものとして，つねに一体的に
考慮しつつ学校教育を行うことを明確に示すものである。同時に，現代の教育
観として，今，求められている教育の基礎に置かれているものは何か，という
問いにたいする一つ目の答えとなるものでもある。

　「主体的・対話的で深い学び」とは何か。ここで確認しておかなければなら
ないことは，このキーワードが，新たな学習指導要領に即して展開される学校
教育に関する「授業改善の取組を活性化していく視点」（『総則編』117頁）を端

的に表現するためのものだということである。未来社会の担い手となる子ども
たちは，これから，地球規模でさまざまな人々と交流し，質的に内容豊かで，
独自の伝統をもった文化的多様性のなかで生きていくことになる。子どもたち
には，学校教育を基礎として，その「生涯にわたって能動的に学び続けること
ができる」能力が求められる。この能力を育成するために，「これまでの学校
教育の蓄積」を生かしつつ，「学習の質を一層高める授業改善の取組」が要求
される。このように描かれた未来予想図の下で，来るべき社会の形成者として，
「生涯にわたって探究を深める未来の創り手」として，全人生を通じて自ら学
び続けていくための能力を子どもたちが身に付けられるような学習の質を高め
ること，これが，「アクティブ・ラーニングの視点に立った授業改善」と同義
とされる「主体的・対話的で深い学び」である（『総則編』3-4頁参照）。

　以上のことを踏まえ，授業改善の取組を活性化させ，加速させるための「主
体的・対話的で深い学び」を構成する三つの学び——「主体的な学び」「対話
的な学び」「深い学び」——について簡潔に整理しよう。

　「主体的な学び」のポイントは3点ある。

　　(a)子どもたちが学ぶことにたいして興味と関心をもつこと

　　(b)子どもたちが自己のキャリア形成の方向性と関連させながら，個々の具
　　　　体的な学びの課題にたいして自ら見通しを立てつつ粘り強く取り組むこ
　　　　と

　　(c)子どもたちが学びの成果である学習活動全体について反省的に振り返り，
　　　　次の学びへ生かしていくこと

　次に，「対話的な学び」のポイントは2点ある。

　　(d)子ども同士の協働，教職員や地域に人との交流，さらに，先哲の考え方
　　　　を学ぶなど，多様な仕方での他者との対話を重視すること

　　(e)子どもたちが他者との対話を通じて，自己の在り方や生き方に関わる考
　　　　え方や感じ方を広げ深めていくこと

　そして，「深い学び」のポイントも2点ある。

　　(f)子どもたちが〈知識及び技能の習得・活用からさらなる探究へ〉という
　　　　学びの過程において，各教科の学びにおいて身に付けたさまざまな「見

　　方・考え方」を自分なりの仕方で活用し，働かせること

　(g)子どもたちが獲得した知識をよりよく理解するために知識の相互関連付
　　けを図ること，入手した情報を精査し自己の考えを新たに形成し，新た
　　な問題の発見とその解決策を創造すること

　各教科を担当する教員には，ここで列挙したポイントをつねに念頭に置きな
がら，それぞれの授業を作ることが求められる（『総則編』118頁参照）。

　以上のように，「主体的・対話的で深い学び」とは，その三つの学びに立脚
して，教員が授業の在り方を改善するための視点を提供するためのものであっ
た。では，「資質・能力の三つの柱」というキーワードは何を表しているのだ
ろうか。それは，一つ目のキーワードと共に，さらなる「教育活動の充実を図
る」（『総則編』38頁）ためのもう一つの視点，授業を通じて子どもたちが身に
付ける資質・能力を明確にするための視点を提示するものである。

　この「資質・能力の三つの柱」とは，「知識及び技能の習得」，「思考力，判
断力，表現力等の育成」，そして，「学びに向かう力，人間性等の涵養」（『総則
編』22頁）である。これらの柱は，まったく「新しい力」ではない。「学校教育
が長年その育成を目指してきた『生きる力』」を「より具体化」にしたもので
ある（『総則編』3頁参照）。では，この三つの柱とは具体的にどのようなものか
を見てみよう。

　育成を目指す資質・能力としての「知識及び技能の習得」とは，「『何を理解
しているか。何ができるか』に関わる知識及び技能」のことである。この知識
と技能は，子どもたちが自分の考えや判断を他者に伝えたり，「社会や世界と
自己との多様な関わり方」を自ら見いだしたりするために不可欠なものである。
ここで注意しなければならないことは，ただたんに知識や技能の量を増加させ
ることが大事なのではなく，獲得したさまざまな知識や技能を相互に関連付け
てよりよく理解し，「他の学習や生活の場面で活用できるように」することで，
知識の質を高めることが重視されるという点である。この点は，とくに，上述
のポイント(g)と密接に関係している（『総則編』39-40頁参照）。

　次に，「思考力，判断力，表現力等の育成」とは，子どもたちが「理解して
いることやできることをどう使うか」に関わる能力のことである。この能力は，

私たちが社会生活のなかで困難な状況や未知の難問に直面したときに，「具体的に何をなすべきかを整理したり」，困難や難問を解決するために必要となるものは何かを自分で考えたりするための力である。この力は，とくに，ポイント(b)や(f)と関係している（『総則編』40-41頁参照）。

　そして，「学びに向かう力，人間性等の涵養」とは，「どのように社会や世界と関わり，よりよい人生を送るか」という問いに答えるための力や態度のことである。いっそう具体的に言えば，前者は，子どもたちが，自ら「よりより社会や幸福な人生を切り拓いていくため」の基礎となる，主体的に学びへと向かう力と態度，感情や行動を統制し，節度ある生を実現するための力，よりよい人間関係を自主的に形成しようとする態度のことである。＊子どもたちは，この力や態度を身に付けることで，社会生活のなかで困難な状況に直面する可能性を低くしたり，困難な状況への対処方法を見いだしたりすることができる。また，後者の「人間性等」には，多様性を尊重する態度，互いのよさを生かして協働する力であるチームワークのほか，他者への優しさや思いやりといった感性なども含まれる。この力，態度や性格は，とくに，ポイント(b)，(d)や(e)と関係している（『総則編』41-42頁参照）。

　　＊「主体的」と「自主的」という言葉の意味を確認しておこう。まず，主体的とは，「自分が中心となって行動」することである。自分が中心となって行動するとは，ある行動を起こすさいに「自分なりの意味付けを行ったり，自分なりの工夫を加えたりすること」で，「主体として能動的に行動する」ことである。「自主的」とは，「自らのうちにわき上がる思い〔＝感情〕や判断に基づいて行動すること」である。これは，自分以外の誰かや何かとしての他者に安易に依存したり，責任を転嫁したりせず，「自らの考えと責任において行動すること」である（文部科学省『生徒指導提要（平成22年3月）』教育図書，2010年（平成22年），10-11頁参照）。

　では，この「資質・能力の三つの柱」に関して，注意すべきことは何か。ここでは，次の点に注目したい。それは，三つの柱の関係に関して，三つを「バランスよく実現できるよう留意する」（『総則編』38頁）という前提の下で，「学びに向かう力，人間性等の涵養」がとくに「重要な要素」であるとされている

ことである。その理由はこうだ。「学びに向かう力，人間性等の涵養」は，子どもたちが，どのように「よりよい人生を送るか」という問いと自ら向き合っていくために，「他の二つの柱をどのような方向性で働かせていくかを決定付ける」という役割を担うものだからである，と（『総則編』41頁参照）。

　このよりよく生きるという問いと向き合うための人間性涵養の重視が，現代の教育観として，今，求められている教育の基礎に置かれているものは何か，という問いのもう一つの答えである道徳教育の充実へとつながる。

（2）道徳教育の充実

　この世界の中で，さまざまな他者と共に，私がよりよく生きるとはどういうことかという問いは，この世界に生きるすべての人間にとって大事な問題である。しかし，これは難問であるために，容易に答えが与えられるものではない。そこで，この難問に答えるために不可欠の道徳性，道徳的に生きようとする人間性をより適切な仕方で涵養するための方法が現代教育における焦眉の問題になっている。こうした状況において――とくに，後を絶たない深刻ないじめへの対応が急務であるなかで――，道徳教育のさらなる充実を目指して，小・中学校では道徳の教科化が行われた。この道徳教育の充実という傾向は，小・中学校教育のみならず，高等学校教育の在り方にも大きな変化をもたらした。それが公民科の改変である。

　今回の学習指導要領改訂による高等学校での学びの変革の一つが，公民科科目編成の変更である。この変更は，子どもたちが小・中学校で身に付けた道徳性をさらに高め，発展させることを目指し，学校教育における道徳教育のさらなる充実のためになされたものである。それゆえ，高等学校での道徳教育の目標は，小・中学校の「特別の教科　道徳」の目標と軌を一にしている。すなわち，「教育活動全体を通じて」行われる道徳教育の目標は，「人間としての在り方生き方を考え，主体的な判断の下に行動し，自立した人間として他者と共によりよく生きるための基盤となる道徳性を養うこと」（『総則編』12頁）[*]である。

　　＊文部科学省『小学校学習指導要領（平成29年告示）解説　特別の教科 道徳編』
　　　によれば，「道徳科が目指すもの」は「よりよく生きるための基盤となる道徳性

を養うこと」である。道徳性とは「人間としてよりよく生きようとする人格的特性」のことである。「学校の教育活動全体を通じて行う道徳教育の要としての役割」を担う道徳科の目標は，人格的特性という意味での「道徳性を構成する諸様相である道徳的判断力，道徳的心情，道徳的実践意欲と態度を養うこと」である。

　では，その目標――にくわえ，校長の方針の下，道徳教育推進教師を中心にすべての教員が協力して行うという基本方針――を共有する高等学校における道徳教育の特徴は何か。どのようなやり方で，子どもたちが小・中学校で身に付けた道徳性を高め，発展させようとするのであろうか。

2　道徳教育の充実のための「公民」科科目改変

　前節のおわりに提起した問いに答えるために，最初に確認しておくべきことは，高等学校における道徳教育の「中核的な指導の場面」が「公民科の『公共』及び『倫理』並びに特別活動」に置かれているという点である（『総則編』12頁参照）。

　新学習指導要領の下，公民科には，その科目として「倫理」と「政治・経済」にくわえ，「公共」が新設された（それぞれの標準単位数は 2 単位である）。新設科目である「公共」は，他の二科目とは異なる位置が与えられている。それは，第一に，「必履修」であること，第二に，「原則として入学年次及びその次の年次の 2 か年のうち」に履修することという位置付けである（文部科学省『高等学校学習指導要領（平成30年告示）解説　公民編』東京書籍，2019年（平成31年），26-27頁参照。以下，本書を『公民編』と略記し，本書からの引用は，引用の直後にその頁数を明記する）。

　「公共」はなぜこのように位置付けられているのか。それは，「公共」が，たとえ厳しい状況に置かれようとも，よりよい社会を創り出し，「自らの人生を切り拓いていくために」必要な知識と「生涯にわたって探究を深める」ために必要な能力とを育成するという目標をもつ科目だからである。いっそう具体的に言えば，子どもたちは，「公共」において，「現代の倫理，社会，文化，政治，

法，経済，国際関係などに関わる諸課題を追究したり解決したりする活動を通して」「グローバル化する国際社会」を主体的に生きていくためのもっとも基礎的な資質・能力を身に付けるのである（『公民編』27頁参照）。

　この「公共」での学びに立脚して，展開される科目が「倫理」である。「倫理」が「公共」での学びに立脚しているとはどういうことか。それは，「人間と社会の在り方についての見方・考え方」を育成することを目標とする「公共」の学びに基づいて，子どもたちが「倫理」の学びのなかで，「人間としての在り方生き方についての見方・考え方」を身に付けていくということである（『公民編』29，85頁参照）。

　では，この「倫理」に特有のものである「人間としての在り方生き方についての見方・考え方」とは何か。それは，人間の心の在り方を踏まえ，人間としての在り方生き方について思索するための手掛かりとなる「人生観」，社会の在り方と人間の在り方について思索するための「倫理観」，そして，世界と人間の在り方について思索するための「世界観」という三つの観方（見方・考え方）によって構成されるものである。したがって，「公共」に立脚した「倫理」とは，子どもたちがこの三つの観方を身に付け，「生きる主体としての自己の確立に資する」学びのことである（『公民編』85-86頁参照）。

　この生きる主体としての自己を確立するとはどういうことか。それは，さまざまな「人生観，世界観，ないし価値観」（『公民編』87頁）を学び，自分のものにすることによって「自分自身に固有な選択基準ないし判断基準」（同上）を形成するということである。子どもたちが自分なりの選択基準や判断基準を身に付けることによって「自立した人間として他者と共によりよく生きる自己」（『公民編』89頁）へと成長していくための科目，これこそ道徳教育の中核を担う「公共」に立脚した「倫理」に他ならない。これが，高等学校における道徳教育の特徴である。

　では，小・中学校の道徳教育をさらに継続的に発展させ，「自立した人間として他者と共によりよく生きる自己」へと成長するための「倫理」は，現代の教育観の基礎を示すキーワードである「主体的・対話的で深い学び」とどのように関係付けられるのであろうか。ここで注目すべきことは，次の2点である。

第一に，人間としての在り方生き方について考えるための基礎的な知識を習得するさいに，その習得がたんなる「人間についての客観的認識」の増加であってはいけないということである。別言すれば，子どもたちには，倫理の学びによって獲得した人間についての知識を，自分がどんな人間になりたいか，そしてまた，なるべきかという問いに答えるための「主体的な自覚」へとつなげられるようになることが求められるということである（『公民編』89頁参照）。これは，前節で論じた現代の教育観における「主体的な学び」のポイント(b)，「深い学び」のポイント(f)と密接に関係するものである。

　そして，第二に，「倫理」の学びでは，子どもたちが「人格の完成に向けて自己の生き方」を確立させるために，先哲との対話や「哲学に関わる対話的な手法などを取り入れた活動」が重要視されるということである。この活動が重要視される理由は，子どもたちが人間の在り方や生き方について深く探究した哲学者の著作を実際に読むことで先哲と対話し，その概念や内容について，クラスメイトだけでなく教員や親などさまざまな他者と吟味・討論することを通して，自己の生き方を問い直すことができるからである。「倫理」の学びにおける先哲との対話や他者との吟味とは，子どもたちが「自らと異なる視点や思索に触れる」機会のことである。この機会と共に，子どもたちには，これまで「自明視していた価値観や主張の前提となる考え方」の問い直しが開始される。子どもたちは，他者との協働作業によって開始されたこの問い直しを通じて，人格を徐々に陶冶していくことになる（『公民編』113頁参照）。これは，前節で論じた現代の教育観における「対話的な学び」のポイント(d)，(e)と密接に関係するものである。

3　「主体的・対話的で深い学び」の実現を目指す教育についての考えを深める手引きとしての現象学

　第1節では，高等学校の新学習指導要領に即して，現代の教育観として，今，求められている「主体的・対話的で深い学び」と「資質・能力の三つの柱」，そして，道徳教育の充実の要点を確認した。続く第2節では，新たな高等学校

教育のなかで「主体的・対話的で深い学び」と道徳教育の充実としての「倫理」がどのように関係付けられるのかを明らかにした。これらの成果を踏まえ，本節では，「倫理」の学びにおいて重要視される先哲との対話がもつ教育的意義について，先哲の一候補として名前が挙げられている「現象学」を手引きにして考究したい。

（1）フッサールの現象学

　「現象学（Phänomenologie）」は，ユダヤ系の出自をもつドイツ人哲学者エトムント・フッサール（Edmund Husserl）によって創設された。現象学は，プラグマティズムや構造主義などと共に，現代哲学の主要潮流の一つをなすものである。そこでまず，この現象学が「倫理」のなかでどのように位置付けられているのかを見ておこう。

　現象学は，子どもたちが「人間としての在り方生き方についての見方・考え方」の一つである，世界と人間の在り方に関わる「世界観」を学ぶための一例と位置付けられている。この「世界観」についての学びの特徴は，次の二つである。

　　特徴1：知識の習得に関して，とくに，「人間は何をどこまで知ることが
　　　　　　できるか」という問いへの普遍的な答えを探究しようとする「真
　　　　　　理」と，「世界はどのように在るのか」，「世界の中で人間はどのよ
　　　　　　うな存在か」を問う「存在」に着目すること
　　特徴2：私たち人間が世界そのものと世界の中で生起するさまざまな事象
　　　　　　を捉えるための知の在り方にはどのようなものがあるのか，世界と
　　　　　　人間の関係がもつ根本性格は何かという問いを探究すること

（『公民編』101-102頁参照）

　しかし，フッサールの現象学は，「世界観」の学びがもつこの二つの特徴に合致するものなのだろうか。

　私たちは，普段，この世界や世界の中で私と共に生きている人や共に在る物

といった他者について，さまざまな認識 ——考え，欲望や思いなど——をもって暮らしている。しかし，日常の生では，そうした認識がいったいどのように生じてきたのか，その源泉・土台に何があるのかということにはほとんど頓着しないであろう。フッサールは，世界・私・他者についての，そして，この三者の相互関係をめぐる私たちの無頓着さに注目する。彼はこう考える。私たちは，普段，世界を，他者とのさまざまな結び付き関係のうちで生きているすべての人間にとっての「唯一の」世界として，全員に共通の世界として，あらかじめ与えられているものである，と見なしている。この意味で世界は，私たちが日常の生を生きるさいの「恒常的な妥当基盤」である，と（フッサール1954：原著124，翻訳171）。しかし，世界を日常の生の恒常的な基盤であると見なすというのは，私たちが普通に生きているときに，〈世界が在ること〉を深く考えることなしに，つねに前提してしまっているということではないのか。〈世界が在る〉という認識，そして，この認識と一つになっている〈私はこの世界に属する一人の人間である〉という確信は，本当にまったく疑いの余地のないものなのだろうか。

　今の問いを別様に表現すればこうだ。私たちが日常の生においてもつ個々の認識——前から歩いて来るのは〇〇さんだろうか？，目の前に置かれているコップの中身は紅茶なのだろうか？，等々の認識——については疑うことがある。しかし，ちょっと考えてみてほしい。前から歩いて来る人について「誰？」と問うことはあっても，その人が生きている世界は「在る？」と問うことがあるだろうか。コップの中身を「何？」と疑うことはあっても，その中身を気にしている私は「人間？」と疑うことがあるだろうか。おそらく，多くの人は，そのように問うことも疑うこともしないだろう。しかし，それは本当に問われないままに前提してよいことなのだろうか。フッサールは，世界が在ることや私が人間であることを問わないで済ませていても構わないという無頓着さを「自明性（Selbstverständlichkeit）」（同上）と表現する。

　フッサールはこの自明性を問題にする。世界が在るという認識や私が人間であるという確信がまったく自明なものとして私たちに受け入れられてしまっている根拠は何か，と。フッサールは，私たちの日常の生の土台に関わる世界認

識と自己確信のなかに，普段はほとんど気付かれることなく付きまとっている「素朴さ」があるのではないか，と問い進めていく。そして，この問いに答えるために，私たちのあらゆる認識の究極的源泉へと立ち戻り，認識の仕組みを自分の目で精査する必要を説いたのである。

　しかし，私たちの認識の究極的源泉に立ち戻ることなど本当にできるのだろうか。どのようにすればそこに立ち戻ることができるのだろうか。フッサールが考案した，そのための固有独自の方法が「現象学的還元」であった。これは，日常の生ではほとんど気にかけられることなく，いわば当たり前中の当たり前のこととなっている世界認識と自己確信を問い質すためのきわめて特殊な哲学的方法である。きわめて特殊な哲学的方法というのは，私たちが日常の生を営んでいるときには，ほとんどまったく必要のないものだということである。

　では，この方法は，いつ，何のために必要となるのか。その答えは，私たちが，「人間は世界についてどこまで知ることができるのか」という問いへの普遍的な答えを追究したいと考えたときであり，「世界はどのように在るのか」をより深く知りたいと思ったときである。一言で言えば，世界と人間の関係がもつ根本性格は何かという問いを自ら探究しようとするときに他ならない（上述の特徴1と特徴2を思い出してほしい）。フッサールは，世界と人間との，いっそう正確に言えば，すべての人にとって唯一で，共通のものと思われているこの世界と，その世界の中で多くの他者と共に生きている人間であるこの私との関係を，根本的に明らかにしたいという考えや思いを覚起する動機についてこう表現する。それは，「〔私がもつ〕すべての認識形成の究極的源泉への遡行的問いという動機，認識する者〔＝私〕による自己自身とその認識する生への自己省察という動機」（フッサール1954：原著100，翻訳137，〔　〕は引用者による補足）である，と。

　以上のことから，フッサールの現象学は，子どもたちが「倫理」のなかで「世界観」を学ぶために必要な条件を満たすものであるということが明らかになった。しかし，現象学は，「世界観」を学ぶさいの先哲の一つに過ぎないのであろうか。高等学校「倫理」の1年間の学びのなかで，「世界観」を学ぶという単元の1時間分，多くても2時間分の授業に役立つだけの教育的意義しか

もっていないのであろうか。

　この問いにたいする答えは，否である。現象学の学び，哲学者フッサールとの対話がもつ教育的意義は，「倫理」における「世界観」の学びをねらいとする1ないし2時間の授業材料であるということにとどまらない。子どもたちは，フッサールの言葉を聴き，彼と対話することで，「人間としての在り方生き方を考え，主体的な判断の下に行動し，自立した人間として他者と共によりよく生きるための基盤となる道徳性」を養うための，現象学的自己省察という思考に根差した自覚的な学びへと向かうことができるようになる。

（2）「主体的・対話的で深い学び」のための教育を実現するために
　　：現象学の学びからの提案

　現象学的自己省察という思考に根差した自覚的な学びとは何か。それは，現代の教育観として，今，求められている「主体的・対話的で深い学び」とは何か，という問いにたいする，現象学の学びから自分なりの仕方で与えた答えと共に，自分固有の判断基準に即して導出された答えと共に開始される学びのことである。

　現象学は，私が「世界はどのように在るのか」を，さらに深く知りたいと思ったときに初めて必要になるものであった。そして，この知りたいという思いに答えるための，世界と私という人間の関係がもつ根本性格を問い質すための特殊な方法である「現象学的還元」を提供してくれるものであった。

　では，この現象学的還元は，具体的に何を私たちに与えてくれるのだろうか。それは，私が日常の生において当たり前だと思っている世界認識と自己確信を自覚的に働かせないようにするというアイデアである。どういうことか。私たちは，普通，この世界は私が生まれる前から存在していたし，私が死んだ後も存在し続けるだろうということを当たり前だと思って生きている。この場合，世界と私（一人の人間としての私）の関係は，存在の時間的順序に関して言えば，世界の方が私に先行しているという関係であり，存在の可能的順序に関して言えば，世界が存在しなければ人間としての私は存在することができないという関係にある。この関係を一言で言えばこうだ。世界は，私の存在とは関係

がなく，それ自身で存在することができるものである（世界は自立的存在である）。しかし，私は，世界の存在があって初めて存在できるものである（私は世界の存在に依存した，非自立的存在である）。

　現象学的還元は，この世界と私との関係を当たり前だと思うことをいったん中断してみようと提案する。なぜ中断してみようと提案するのか。それは，なぜ私が世界と私との上述のような関係を当たり前だと思っているのか，そのような思いを私が現にもっている原因や仕組みは何かを自分で確認するためである。

　この哲学的提案を受け入れたとき，世界と私の関係に決定的な変化が生じる。この世界は，私が存在する前から存在し，死んだ後も存在し続けるということは当たり前のことである。もし世界が存在しなければ，私も存在することができないということは当たり前のことである。しかし，この当たり前はすべて，私がそう思ったから，そう考えたから，そう信じているから成立することではないのか。世界がどのように存在するか，という問いに答えを与えているのは，つねに私である。これは，今まで当然だと思っていたこととはまったく反対に，世界の存在の方が私の存在によって規定されているということではないのか。世界の在り方を決めているのは，他でもない私ではないのか。この世界は，私とは無関係に，私から独立して存在するようなものではないのかもしれない。むしろ，世界は，私の思うこと，考えること，信じることという働きの相関者として存在するものではないか——フッサールは，私の働きによってその相関者として何かが立ち現れるという事態を，「意識の志向性」（フッサール1979：原著73-75・翻訳159-162）と表現する——。このように，日常の生ではまったく気付くことのなかった新たな問いを私のうちに生じさせるもの，これこそ現象学的還元というアイデアがもつ力である。

　では，この力を手に入れた子どもにはどのような新たな学びの可能性が広がるのだろうか。第一に，この世界は，私の働きに着目するとどのように見えるのか，という新しい観方や興味と関心から，世界と私との関係について探究するという可能性が開かれる。これが，現象学的自己省察という思考に根差して，世界の存在を自分の存在と強く結び付けて問おうとする主体的な学びが開始さ

れる可能性である。第二に，世界と私との関係についてのこれまでの知識と新しい観方から得られた知識とを比較し，その是非を問うために，クラスメイトだけでなく教員や親など，さまざまな他者と討論するという可能性が開かれる。これが，現象学的自己省察という思考に根差して，他者と進んで協働しようとする対話的な学びが開始される可能性である。そして，第三に，世界についての新たな観方から，新たな問題を発見し，その解決策を模索したり，新たに入手した情報の精査から，自己の考えを新たに形成したりする可能性が開かれる。これが，現象学的自己省察という思考に根差して，自明視していた価値観や主張の前提となる考え方そのものを更新しようとする深い学びが開始される可能性である。

学習課題

（1）現代の教育観を表すキーワードである「主体的・対話的で深い学び」の実現を目指す教育とはどういうものか，自分なりに調べ，考えてみよう。

（2）現代の教育観を表すキーワードである「道徳教育の充実」について，さまざまな哲学者と対話する活動（先哲との対話）がもつ教育的意義という観点から，さらに自分なりに調べ，他者と話し合ってみよう。

引用・参考文献

エトムント・フッサール『フッサール全集 *Husserliana*』

III/1: *Ideen zu einer reinen Phänomenologie und phänomenologischen Philosophie. Erstes Buch : Allgemeine Einführung in die reine Phänomenologie. 1. Halbband.* Neu hrsg. v. Schuhmann, K., 1976.

エトムント・フッサール（1979）『イデーン I-I　純粋現象学と現象学的哲学のための諸構想　第1巻　純粋現象学への全般的序論」）渡辺二郎訳，みすず書房.

VI: *Die Krisis der europäischen Wissenschaften und die transzendentale Phänomenologie. Eine Einleitung in die phänomenologische Philosophie.* Hrsg. v. Biemel, W., 1954.

エトムント・フッサール，細谷恒夫・木田元訳（1974）『ヨーロッパ諸学の危機と超越論的現象学』中央公論社.

文部科学省（2010）『生徒指導提要（平成22年3月）』教育図書.

文部科学省（2018）『小学校学習指導要領（平成29年告示）解説　特別の教科　道徳

編』廣済堂あかつき.

文部科学省（2019）『高等学校学習指導要領（平成30年告示）解説　総則編』東洋館
　　出版社.

文部科学省（2019）『高等学校学習指導要領（平成30年告示）解説　公民編』東京書
　　籍.

（島田喜行）

第5章

教育の内容を深めるために(1)

──西洋の学校教育制度から

　　　本章では，欧米諸国の初等教育に焦点を当て，現代の公教育において，
基本的人権を保障するものとしての教育がどのようにデザインされ，教
育における平等，公平・公正がどのように実現されているか，教育にお
ける公と私はどのようにあるべきか，そして教育はどのような課題に直
面しているのかを見ていく。日本との違いにも注意しながら，教育はど
のようにあるべきかを考えてみよう。

1　近代公教育制度の理念

　現在のような公教育としての学校教育の形態が確立したのは，18世紀後半の
ヨーロッパにおいてである。産業革命と市民革命の時代，技術の発展と生産性
の向上のため，高度な知識をもった技術者と教育水準の高いよく訓練された労
働者が必要となったこと，国民国家の成立により国家としての統合が求められ，
主権者としての資質育成や国民文化と国民アイデンティティの育成が必要とな
ったこと，産業革命が引き起こした社会問題に対しその対応策として，教育に
よる犯罪防止と国内治安維持，児童労働の防止，子どもの人権の保護，学習機
会の保障が必要となったこと，などが背景にある（国によりどの要因が主で，
それぞれの要因がどのように働いたかには違いがある）。

　それ以前には，教会や絶対君主が権力維持と統治を目的として自らが正統と
する宗教やイデオロギーを注入するために行った教育，家庭内での人間形成や
徒弟制度といった私的な教育が行われていたが，いずれも家庭や家庭が属する
地縁血縁社会，あるいはそれぞれの社会階層の個別的なニーズによって行われ
たものであった。

　国民の自由権・社会権を基盤とし，「国家が管理する教育」としての近代公教育制度の礎を築いたのは，フランスのコンドルセ（M. J. A. N. M. Condorcet）である。コンドルセは，1793年に革命議会に提出した『公教育の全般的組織に関する報告と法案』（コンドルセ案）の中で，「初等教育はすべてのものの必要であり，社会はそのすべての成員に対して等しくその責任を負っている」と述べ，自然権としての教育の自由（教える自由，学ぶ自由）を基礎とした公教育を提案した。彼が主張した，① 教育機会の均等，② 能力主義の単線型学校体系，③ 無償制，④ 育英・奨学制度，⑤ 男女平等，⑥ 教育内容の近代化（宗教教授の除外，自然科学の尊重，母国語の重視），⑦ 公権力介入の排除，⑧ 生涯教育の配慮，という公教育の原則は，現在の公教育の在り方の基礎となっている。

　欧米においては，公教育は国家の利益のために一律の価値観を子どもに教え込むためのものではなく，子ども自身と親の教育の自由のもとにすべての子どもに与えられる権利であると考えられている。また，児童の権利に関する条約では，「教育についての児童の権利」を認め，初等教育を「義務的」かつ「無償」のものであるとしており，児童の成長と発達の権利を保障するための制度の根幹として公教育が位置付けられている。

　ポストモダンの時代の今日の公教育には，グローバル化あるいは紛争による人々の国境を越えた移動や，個人の多様性の尊重といった，コンドルセの時代には存在しなかった困難な課題への対応が求められている。今日の各国の教育システムは多様な国民の「教育の自由」と「教育を受ける権利」に立脚しつつ，国家の統合と発展・繁栄を目指すという二重の使命を負っているのである。

2　教育の自由──オランダの教育制度から

（1）教育の自由と学校の設置

　オランダの初等中等教育は，8年間の初等教育と4〜6年間（プログラムの種類によって年数が異なる）の中等教育から成る（図5-1）。このうち，満5歳に達した月の翌月最初の通学日から満16歳に達した日の属する学年の終わりまでの12年間が義務教育である。義務教育終了後は，基礎資格取得義務が課さ

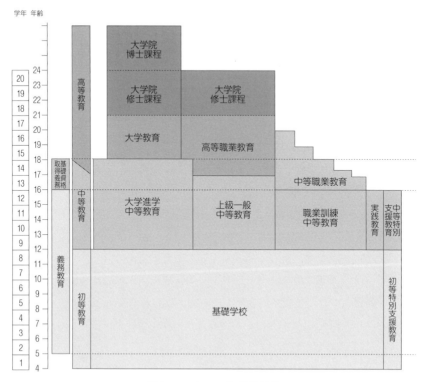

学年 年齢

図5-1 オランダの学校体系

出所：Eurydice（2019a）より作成。

れ，18歳に達するまで，または基礎資格を取得するまで教育を受けなければならない*。基礎資格取得義務は，基礎資格を取得するか，18歳に達した時点で終了する。

　*一般には義務教育と基礎資格取得義務を合わせて「義務教育」と呼ぶことが多い。
　　基礎資格とは，上級一般中等教育または大学進学中等教育のディプロマ，あるいは中等職業教育レベル2以上のディプロマのことである。

　初等教育の最終学年で，言語と数学についての共通到達度試験を受けることが義務付けられており，その結果は，どのタイプの中等教育に進学するかの参考とされる。5歳〜16歳までの義務教育はフルタイムでの教育が行われるが，

資料5-1　憲法第23条

> **オランダ王国憲法　第23条【教育】**
> (1) 教育は政府の持続的責務の対象である。
> (2) 教育を行なうことは，自由である。ただし政府はそれを監督し，法律で定める教育形態に関しては，教育者の能力や倫理を法律にしたがって審査する。
> (3) 公的な教育に関する規則は，各人の宗教や信条を尊重しつつ，法律で定める。
> (4) 各自治体において，公的機関により，十分な初等普通教育が十分な数の公立学校で提供される。公立学校でなくとも初等普通教育を受ける機会が与えられる場合には，法律の定める規則により例外を認めることができる。
> (5) 全体またはその一部を公的な資金によって支出される学校が満たすべき要件は，私立学校における教育方針の自由を尊重しながら，法律で定める。
> (6) 普通初等学校に対して定める要件を満たすことで全体を公的な資金を受ける私立学校は，その質を公立学校と同じに保たなければならない。その要件を定める際，私立学校における教材の選択，および教師を選任する自由は，特に尊重される。
> (7) 私立の普通初等学校には，法に定める条件を満たせば，公立学校と同じ規準に従い，公的な資金を配分する。私立の普通中等教育や高等教育へ公的な資金が与えられるための条件は，法律で定める。
> (8) 政府は，教育の状況を毎年，国会に報告しなければならない。

出所：リヒテルズ（2004），国立国会図書館調査及び立法考査局（2013）を参考に作成。

基礎資格取得義務の2年間は労働と組み合わせたパートタイムでの教育でもよいこととなっている。学費は18歳まで無償であるが，遠足代や課外活動などについては保護者が負担する。

　オランダの教育制度の顕著な特徴の一つは，オランダ王国憲法第23条（資料5-1）によって保障された「教育の自由」にある。「教育の自由」はオランダのもっとも価値ある財産であると言われ，学校法等の法律により，以下のような自由が具現化されている。

（1）親の教育の自由
　　① 家庭教育・私教育の自由：ホーム・スクーリングは認められていない。
　　② 学校設置の自由：200名の生徒数が必要。
　　③ 学校選択の自由：学区が決められていない。
　　④ 学校教育への参加権

（2）学校の教育の自由

　　① 教育計画：法律で定められた「教育の目標」を達成するための方法（教育方針，学習の目標，教科の編成，教科書・教材の選定，教育方法など）に関する自由。

　　② 財　　政

　　③ 教員の選任：学校理事会が決定する。

（3）私立学校における教育の自由

　　① 私立学校設置の自由

　　② 宗教・世界観教育の自由

　　③ 教員・教育助手任免の自由

　　④ 生徒選抜の自由

　　⑤ 教育目的・教育課程設定の自由

　　⑥ 教材・教具選定の自由

　　⑦ 教育方法の自由

　　⑧ 保護者・支援組織との関係，学校理事会の構成に関する自由

　このため，オランダには市町村によって設置管理される公立学校の他に，宗教的・イデオロギー的信念あるいは教育的信念・方針に基づいて設立された私立学校があり，学校全体の7割を占めるこれら私立学校の多くは，教育の自由に基づいて保護者が設立したものである。教育的信念・方針に基づいて設立された非宗教系の私立学校には，ダルトンプラン，イエナプラン，モンテッソーリ，フレネ，シュタイナーなどの教育理念によるものがあり，これらはオルタナティブ・スクールと呼ばれる。公立学校や宗教系私立学校の中にも，オルタナティブ教育を行うところがあり，これらを含めると学校全体の約10％がオルタナティブ・スクールである。「教育の自由」には，学校選択の自由も含まれていることから，これら公立・私立の中から保護者や児童本人が望ましいと考える学校を選択して通うことができる。

　また，「財政平等の原則」（憲法第23条第7項）により，学校運営の費用に関しては，公立・私立を問わず，政府から生徒数に応じて一定の基準で配分され，

私立学校は，公教育の枠組みの中で運営されている。*

> ＊政府からの財政補助をまったく受けず，保護者や企業からの寄付金によって運営
> されている独立学校もわずかではあるが存在する。

（2）クオリティ・コントロール（教育の品質管理）
① アカウンタビリティ

　政府から財政補助を受けている学校は，公立か私立かに関係なく，中央政府に対してアカウンタビリティ*を果たすことが要請され，教育理念，指導方法，苦情処理手続きなどの学校運営方針，財務方針，および教育の質について，4年に1度，学校監督庁による査察を受けなければならない。

> ＊アカウンタビリティとは，一言でいうと「責任をもつ」ということである。誰に
> 対し，何について責任をもつのかは，国の教育制度によって異なるが，① 法令
> の遵守，② 専門職規範の遵守，③ 生徒の学習到達度，の3つの基準，もしくは
> これらの組み合わせによって学校の運営状況を評価することにより，アカウンタ
> ビリティが果たされているかどうかが判断される。

　オランダにおけるアカウンタビリティは，「教育の自由」および「財政平等の原則」との関係で理解されなければならない。無規制のままの「教育の自由」は，教育の無秩序状態を招く恐れがあり，公教育として国民の学習の権利，成長の権利を保障し，必要な資質・能力を身に付けた国民を育成し，国家としての統合を維持するためには，一定の方策によりその質をコントロールすることが必要である。さらに，「財政平等の原則」により，政府からの財政補助を受けているということは，その学校が国民の税金によって運営されているということに他ならず，適切な教育を提供していることを国民（国民の代表者である学校監督庁の監査官）に対して証明することが求められる。

　自由と責任，自由と公共の福祉，自由とコントロールはそれぞれ別のものではなく，一対となって機能することに意味がある。問題は，二者の間のバランスをどのようにとるのが適切かである。オランダにおける「教育の自由」は，アカウンタビリティを果たすことによって確保されている。

以下，オランダにおいて教育の質の管理がどのように行われているのかを見てみよう。

② 学校監督庁による品質管理

　オランダの学校監督庁は1801年に設立された世界で最も古い国家による学校査察組織の一つである。学校監督庁による調査は，毎年の生徒の学習達成度の分析と，実際に学校を訪問して行う4年ごとの査察から成り，学校が行っている教育が法定の質を満たしているか，学校が定めた教育の目標が達成されているか，適切な財政運営がなされているかが，すべての学校と学校運営理事会に対して，評価される。

　学校はまず自己評価書を作成し，学校のビジョンやミッション，達成した結果についてプレゼンテーションを行う。査察チームは，教育のプロセス，学校環境，生徒の学習成果，品質の保障をどのように行っているか，財政運営について調査し，"良好""適切""不適切"の3段階で評価する。教育の質や財政運営に疑義が生じ"不適切"と評価された場合は，教育文化科学省による改善のための介入が行われ，質が改善されたかどうか追跡調査が行われる。査察結果の報告書は，ウェブサイトで公表される。

　このように，教育の自由が認められる一方で，教育の質に関しては厳格な管理が行われている。

（3）寛容で，民主的な社会の光と闇と教育

　オランダは歴史的な経緯から，文化的に異なる集団間の合意と共存を尊重する「文化多元主義」社会の伝統を有する。これは，キリスト教宗派の多様性や，自由主義や社会主義といった政治的信条の多様性と，それに基づく思想や文化の違いを集団ごとに認め，政府がそれぞれの集団の権利や利益を擁護し国全体を統合する「柱状化社会（列柱型社会）」であることを意味する。カトリック，カルヴァン派，自由主義勢力，社会主義勢力，それぞれが集団（列柱）ごとに学校，新聞，放送局，政党，文化団体，組合を経営し，差異性を保ったまま共存している。他の集団の存在は認めるが干渉はせず，自分が属する集団の中で

社会生活を営むスタイルであり，いわば閉じたままの共存である。そして異なる集団間で，政治的合意を形成することによって共存関係が成立している。

　教育においても多様性が制度として認められ，自分たちが是とする宗教的あるいは教育的信念に基づいて子どもを教育する親としての自然の権利と，子どもがそれぞれの必要性に応じた適切な教育を受ける権利の両方を保障されている。このような制度の利点は，そこで学ぶ子どもたちが，教育の自由を通じて，異なる価値や態度の人々に対する寛容性を内面化し再生産していくことにあり，オランダ社会全体の異なる人々に対する寛容性を育む素地となっていると考えられる。

　一方，1970年代以降は，無宗教化や都市化の進展に伴い，柱状化社会の崩壊が進んだと言われ，学校設立の自由，学校選択の自由は，教育におけるセグリゲーションを助長してきたことも事実である。オランダでは，先住オランダ人の学校をホワイトスクールと呼び，移民の子が半数以上を占める学校をブラックスクールと呼ぶ。私立学校には生徒選抜の自由も認められていることから，移民の入学を認めない学校もあり，移民に対する偏見・差別が問題となっている。ブラックスクールでは，文化多元主義に基づき，宗教教育および母国語母文化維持教育が容認されているが，教育の質に関する要請を満たさなければならないことは他の学校と同様である。

（4）「教育の自由」をどう考えるか

　日本では，憲法で規定されているのは親の子どもに教育を受けさせる義務であり，親の教育権や教育の自由に関する明示的条文はない。法解釈上，親の教育権は自然法的な「根源的権利」「自明の権利」として，また「歴史上，また人権保障の条理解釈上にうらづけのある」「憲法上の基本権」として保障されているとするのが通説である。ただし，親の教育権は私教育に限定されており，公教育に関しては私立学校を選択することができる程度である。

　また，学校を設置することができるのは国，地方公共団体，学校法人に限定されており，学校設置のハードルが高いだけでなく，学校組織の在り方や教育課程（教科，教育内容）も法規によって定められており，私立学校であっても

学校や教員にはオランダのような大きな自由は認められていない。したがって，オランダのようにオルタナティブな教育思想に基づく教育を行う学校は，正規の教育機関としては認められず，こうした学校に子どもを通わせることは親の教育義務を果たしていないものとみなされる。*日本でこのようなシステムがとられている理由は，教育の機会均等の観点から，学校によらず，質の高い均一な教育を提供することが重視されているためである。公教育における教育の自由を制限することが子どもの教育を受ける権利の保障につながるとする，共通性・平等性の原理に立つ管理型義務教育制度と言える。

> ＊2022年4月現在，公に認められた私立学校として，和歌山県橋本市等の子どもの村学園（1992年設立，サマーヒル教育），神奈川県相模原市のシュタイナー学園（2004年設立，シュタイナー教育），長野県南佐久郡佐久穂町の大日向小学校（2019年設立，イエナプラン教育）などのオルタナティブ・スクールがある。また，2022年4月には，公立のオルタナティブ・スクールとして，常石ともに学園（広島県福山市，イエナプラン教育）が開校した。いずれも一条校として運営されているため，学習指導要領による教育内容の規制はあるが，さまざまな教育方法の工夫を凝らしながら教育理念の実現を図っている。この他のオルタナティブ・スクールは，フリースクールなど無認可の教育機関として運営されている。

一方，オランダでは，多様性を認めることによって教育の自由を確保し，その質をコントロールすることが政府の責任である。日本のように画一的な教育が子どもにとってより「善きもの」であるのか，それともオランダのように多様性を認めることが「善きもの」であるのか，さまざまな考え方が存在する。親の教育の権利や自由をどのように捉え，子どもの教育を受ける権利をいかなる制度で保障していくべきかが，教育システムの大きな課題であると言えよう。

3　特別な教育的ニーズ——アメリカ合衆国の教育制度から

（1）特別な教育的ニーズ

「特別な教育的ニーズ（SEN: Special Educational Needs）」とは，同年齢の子どもに比べて「学習上の困難さ」があり，その学習上の困難さを解消あるいは

軽減し，さらに力を高めるために，通常とは異なる「教育的な手だて」を必要
とすることである。学習上の困難さを引き起こす要因としては，障害や家庭環
境，社会的環境などが考えられる。こうした子どもたちの人権と尊厳，機会均
等を促進し，自律と自立，社会への参加を促進することを目的として行われる，
特別な配慮のもとでの教育的支援を，SEN 教育と呼ぶ。

　本項で取り上げる「才能児（Gifted and Talented Children）」は，彼らに独特
な学習スタイルや選好，情緒的な特徴を有しており，適切な支援が行われない
と社会的・情緒的な問題状況に陥るため，彼らの特徴に適合した学習環境を整
える必要がある。*欧米では，才能児も「特別な教育的ニーズ」を有するとみな
され，SEN 教育の対象となっていることが多い。

> ＊才能児の鋭敏な知覚はよく顕微鏡にたとえられる。我々が1枚のレンズを通して
> 世界を見ているとすると，才能児は顕微鏡で世界を見ているのと同じであり，高
> 度才能児は電子顕微鏡で見ているのと同じである。彼らは物事を我々とは異なっ
> たように見ており，他の人が見えないものが見えるのである。そのため，標準的
> な教育方法では学習上の「飢餓状態」に陥ってしまうだけでなく，普通とは異な
> ることで疎外感や孤独感を感じたり，自尊感情が低くなったりし，学校への不適
> 応を起こしやすい。

（1）アメリカの才能児教育

　「才能児」は，アメリカ合衆国（以下，アメリカ）では，「知的，創造的，芸
術的，リーダーシップ能力，特定の学術分野において高い達成能力が証明され，
その能力を十全に発達させるために通常学校で提供されないサービスや活動を
必要とする生徒，子ども，青少年」と定義されている（必ずしも IQ の数値で
定義されるものではないことに注意しよう）。アメリカでは，もともと「英才
（Gifted）」は身体的・精神的障害，行動障害，言語障害，学習障害，特別医療
ニーズと並ぶ「特殊性（Exceptionality）」の1領域と見なされ，障害児を対象
とする特殊教育と深い関わりをもってきた。通常の教育プログラムでは充足さ
れないニーズをもつ英才児に対する適切な教育の必要性が認識されてきたので
ある。

　英才教育の機運が高まったのは，1957年のスプートニク・ショックがきっか

けであった。軍事力強化の必要性から，1958年には国家防衛教育法（National Defense Education Act）が制定され，数学・科学の才能をもつ子どもの発見，ガイダンス，カウンセリング，大学進学などに補助金が配分された。特殊なニーズを有する才能児の自己達成よりも，国家の必要を優先した政策であったと言える。

　1970年代になると，「英才児」教育は，その必要性が広く認識されるようになる一方で，一般的知的能力だけでなく幅広い分野での突出した能力を有する子どもとして「才能児（Gifted and Talented）」という呼称が用いられるようになり，「才能教育」として障害児教育からは分岐して，その絶頂期を迎えた。1980年代以降は，全体的学力の底上げやマイノリティ，社会経済的弱者の学力保障が優先されるようになり，エリート主義的な才能教育は危機に陥った。その結果，少数の者に対する特別な教育としての「才能教育」から，すべての子どもが人種や社会経済的背景に関わりなくその才能を伸ばすことを目指す「才能伸長」への方向転換が起こった。本章では，才能伸長の理念を包含する「才能教育」ではなく，個人の違いという視点を強調するために，「才能児教育」という用語を用いる。

　アメリカにおいては，教育は州の主管事項であり州により教育制度は異なる。現在では，連邦レベルでは才能児に対する特定の事業や保護措置は義務化されていないが，29の州で才能児に対する特別プログラムを実施することを義務化しており，各州が独自に才能児教育の対象者やプログラムを定めている（表5-1）。

　いずれの州においても，経済的弱者，移民の子どもが不利にならないような配慮が行われるとともに，親や本人の意向を重視するシステムがとられている。

　才能児教育に最も積極的な州のひとつであるフロリダ州の例を見てみよう。フロリダ州では，州法で才能児も障害のある生徒とともに「特別な（Exceptional)」生徒に含まれることが定められ，州教育委員会規則で，才能児とは「優れた知的発達を示し，高い遂行能力を有する者」と定義されている。判定には，才能児の特質を有しているかどうかのチェックリストや才能評価スケール，学校の成績，行動観察などが用いられ，さらに資格を有する心理学者による知的

表5-1　アメリカ各州における才能児教育

	才能児教育を実施しているか	才能児教育のプログラムやサービスが義務化されているか	才能児教育のための州による学区への補助金はあるか	州法等により「才能児」が定義されているか	才能児の同定が義務化されているか
District of Columbia (Washington, D. C.)	Yes	No	No	No	No
Alabama	Yes	Yes	Yes	Yes	Yes
Alaska	Yes	Yes	Yes	Yes	Yes
Arizona	Yes	Yes	Yes	Yes	Yes
Arkansas	Yes	Yes	Yes	Yes	Yes
California	Yes	No	No	No	No
Colorado	Yes	Yes	Yes	Yes	Yes
Connecticut	Yes	Yes	No	Yes	Yes
Delaware	Yes	Yes	No	Yes	Yes
Florida	Yes	Yes	N/A	Yes	Yes
Georgia	Yes	Yes	Yes	Yes	Yes
Hawaii	Yes	Yes	No	Yes	Yes
Idaho	Yes	Yes	N/A	Yes	Yes
Illinois	Yes	No	No	Yes	Yes
Indiana	Yes	No	Yes	Yes	Yes
Iowa	Yes	Yes	Yes	Yes	Yes
Kansas	Yes	Yes	No	Yes	Yes
Kentucky	Yes	Yes	Yes	Yes	Yes
Louisiana	Yes	Yes	Yes	Yes	Yes
Maine	Yes	No	Yes	Yes	Yes
Maryland	Yes	Yes	No	Yes	Yes
Massachusetts	Yes	No	N/A	No	No
Michigan	Yes	No	No	No	No
Minnesota	Yes	Yes	Yes	Yes	No
Mississippi	Yes	Yes	Yes	Yes	Yes
Missouri	Yes	No	No	Yes	No
Montana	Yes	No	Yes	Yes	Yes
Nebraska	Yes	Yes	Yes	Yes	Yes
Nevada	Yes	Yes	Yes	Yes	Yes
New Hampshire	Yes	N/A	No	No	No
New Jersey	Yes	No	No	Yes	Yes
New Mexico	Yes	Yes	Yes	Yes	Yes
New York	Yes	No	No	Yes	No
North Carolina	Yes	Yes	Yes	Yes	Yes
North Dakota	Yes	No	Yes	No	No
Ohio	Yes	No	Yes	Yes	Yes
Oklahoma	Yes	Yes	Yes	Yes	Yes
Oregon	Yes	No	No	Yes	Yes
Pennsylvania	Yes	Yes	No	Yes	Yes
Rhode Island	Yes	No	No	Yes	No
South Carolina	Yes	No	Yes	Yes	Yes
South Dakota	No	No	No	No	No
Tennessee	Yes	No	No	Yes	Yes
Texas	Yes	No	Yes	Yes	Yes
Utah	Yes	No	Yes	Yes	No
Vermont	Yes	Yes	N/A	Yes	No
Virginia	Yes	Yes	Yes	Yes	Yes
Washington	Yes	Yes	Yes	Yes	Yes
West Virginia	Yes	Yes	No	Yes	Yes
Wisconsin	Yes	Yes	No	Yes	Yes
Wyoming	Yes	No	N/A	Yes	Yes

注：N/A　回答なし
出所：Rin et al.（2020）より作成。

能力評価が行われる。これらの結果が，①特別な教育支援プログラムを必要としていること，②標準的なスケールもしくはチェックリストにより才能児の特性の大部分を示していること，③優れた知的発達を示し，IQが130を超えること，の3つの条件を満たしていれば才能児として認定され，学業的な特別な教育支援や社会的・情緒的支援が受けられる。才能児と認定されているのは，州の全生徒の約6％である。

　才能児と認定された生徒に対しては，EP（教育計画；Educational Plan）作成チームが組織され，チームは評価の過程を通じて集められた情報を基に，カリキュラム，教育方法，教材等を検討し，特別教育プログラムを作成する。多くの生徒は通常学級の中で支援を受けるが，1日のうち何時間か才能児クラスで支援を受ける生徒もいる。また少数ではあるが，1日のすべての時間を才能児クラスで過ごす生徒も存在する。

　才能児と認定されても，才能児教育を受けることを希望しない子どもに対しては，通常と同じ教育が行われる。

（2）才能児教育の方法

　才能児教育の方法は，大きく2つに分けられる。一つは上位学年の学習内容を先取り学習する「早修」であり，もう一つは学習内容をより広く深く学習する「拡充」である（図5-2）。才能児に対する教育支援は，以下に示すさまざまな方法を組み合わせて行われる。

　早修はさらに，本来の学年より上位学年に在籍し，その学年の課程修了が認められる完全早修と，本来の学年に留まりながら上位学年配当の科目を履修する部分早修に分けられる。完全早修には，飛び級や早期入園・早期入学，年限短縮がある。小学生が大学を卒業したというようなセンセーショナルな事例を想起するかもしれないが，多くは1年もしくは2年程度の早修である。部分早修には，科目早修，アドバンスト・プレースメント，二重在籍，通信コース・遠隔学習などがある。

　早修の利点は，能力よりも遅れたカリキュラムにより生じる不適応・ストレスが回避でき，才能児の自尊心を確保できること，才能児の達成水準を高度化

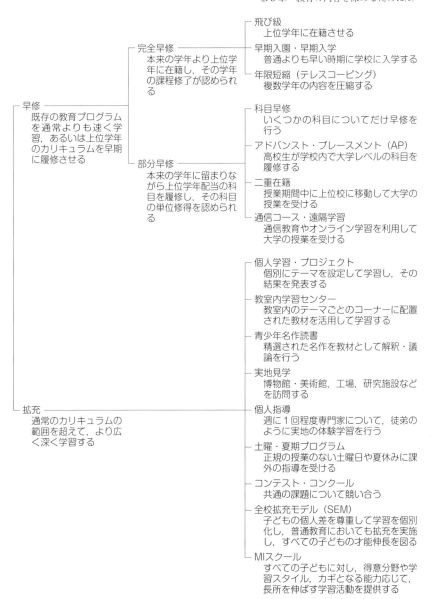

早修
　既存の教育プログラムを通常よりも速く学習，あるいは上位学年のカリキュラムを早期に履修させる

　完全早修
　　本来の学年より上位学年に在籍し，その学年の課程修了が認められる

　　飛び級
　　　上位学年に在籍させる
　　早期入園・早期入学
　　　普通よりも早い時期に学校に入学する
　　年限短縮（テレスコーピング）
　　　複数学年の内容を圧縮する

　部分早修
　　本来の学年に留まりながら上位学年配当の科目を履修し，その科目の単位修得を認められる

　　科目早修
　　　いくつかの科目についてだけ早修を行う
　　アドバンスト・プレースメント（AP）
　　　高校生が学校内で大学レベルの科目を履修する
　　二重在籍
　　　授業期間中に上位校に移動して大学の授業を受ける
　　通信コース・遠隔学習
　　　通信教育やオンライン学習を利用して大学の授業を受ける

拡充
　通常のカリキュラムの範囲を超えて，より広く深く学習する

　　個人学習・プロジェクト
　　　個別にテーマを設定して学習し，その結果を発表する
　　教室内学習センター
　　　教室内のテーマごとのコーナーに配置された教材を活用して学習する
　　青少年名作読書
　　　精選された名作を教材として解釈・議論を行う
　　実地見学
　　　博物館・美術館，工場，研究施設などを訪問する
　　個人指導
　　　週に1回程度専門家について，徒弟のように実地の体験学習を行う
　　土曜・夏期プログラム
　　　正規の授業のない土曜日や夏休みに課外の指導を受ける
　　コンテスト・コンクール
　　　共通の課題について競い合う
　　全校拡充モデル（SEM）
　　　子どもの個人差を尊重して学習を個別化し，普通教育においても拡充を実施し，すべての子どもの才能伸長を図る
　　MIスクール
　　　すべての子どもに対し，得意分野や学習スタイル，カギとなる能力応じて，長所を伸ばす学習活動を提供する

図5-2　主要な才能教育のプログラム

出所：岩永（2016），松村（2003）より作成。

できること，などがある。一方，早修の問題点としては，社会性の涵養・人間的成熟が損なわれる恐れがあること，移動にかかる交通費や学習にかかる費用など家庭の経済的負担が大きいこと，またそのため経済力のない家庭の子どもたちが認定さえ受けられず，教育格差を拡大する可能性があること，同年齢の学級集団との交流やつながりが失われること，などである。

　もう一つの拡充には，通常のクラスの中で行うことが可能な個人学習・プロジェクト，教室内学習センター，少年名作読書，教室とは異なる空間で行われる実地見学，個人指導，一定の期間集中的に行われる土曜・夏期プログラム，コンテスト・コンクール，そしてすべての子どもを対象とする全校拡充モデル，MI（Multiple Intelligences：多重知能）スクールがある。

　拡充の利点は，より広く深い学習を行うことにより創造的・総合的・応用的な能力が涵養されること，学習内容をスキップしないため未習の学習課題が発生しないこと，学級集団を維持できること，が挙げられる。一部の例外的才能児だけでなく多数の生徒に対応が可能なことも大きな利点である。問題点としては，学習者自身の動機づけが難しいこと，教材開発や専門の教員の確保などにコストと手間がかかることが挙げられる（岩永 2016）。

　いずれにおいても，画一的な教育ではなく，個人の特性に応じた柔軟な対応が目指されている。

（3）個人の差異と平等，公平・公正

　個人の差異と平等，公平・公正について考えてみよう。

　教育において問題となる個人の差異は，個体要因によるものと環境要因によるものに分けられる（表5-2）。個体要因には，学習における個人差（学力，学習時間，学習スタイル，興味・関心，生活経験），発達における個人差（認知的，心理的，身体的，社会的），障害の有無と種類がある。環境要因には，学校における学習環境，社会的環境（産業構造・人口動態の変化，グローバル化，教育制度），地域的環境（歴史的，地理的，文化的，産業的），家庭的環境（経済社会的，親の教育理念・教育方針，思想，信条，宗教，家庭文化）がある。子どもはこれらの要因により，一人一人が異なる存在となる。

表5-2　個人の差異を捉える枠組み

個体要因	○学習における個人差（学力，学習時間，学習スタイル，興味・関心，生活経験） ○発達における個人差（認知的，心理的，身体的，社会的） ○障害の有無と種類
環境要因	○学校における学習環境 ○社会的環境（産業構造・人口動態の変化，グローバル化，教育制度） ○地域的環境（歴史的，地理的，文化的，産業的） ○家庭的環境（経済社会的，親の教育理念・教育方針，思想，信条，宗教，家庭文化）

出所：古田（2007）。

　ところで，「平等」は分配が等しく行われることがより大きな教育効果の実現に寄与することを示す概念である。「公平性」は，何らかの基準による評価によって分配に差がつけられるのが，より大きな教育効果の実現に寄与するとするものである。公平性には，評価が等しければ同等な分配を受けるべきであるという水平的公正と，評価が異なる場合は異なる分配を受けるべきであるという垂直的公正の2つの下位概念がある。

　日本においても，「生徒・児童の実態に応じた指導」，「興味・関心等に基づく学習」，「個に応じた指導」の必要性が言われるようになり，理解や習熟の程度に応じた指導が行われるようになった。しかし，「どの子も頑張っているのだから，順位付けはするべきでない」という言説にみられるように，日本の教育システムは「同じである」ことが正義であるとする形式的平等を基盤としている。いわば，個人の差異を捨象した純白の児童生徒像を前提とした平等である。

　また，SEN教育は特別支援教育という名称で法制化されているが，「欠陥を補う」ことを目的とした障害児のための教育という考え方が根強く，対象となるのは，視覚・聴覚・肢体などの身体的障害と知的障害，発達障害である。才能児のように「不足」ではなく「過剰」が問題となる場合は，支援の対象とはみなされてこなかったのである*。

　＊2021年1月，中央教育審議会は『「令和の日本型学校教育」の構築を目指して〜
　　全ての子供たちの可能性を引き出す，個別最適な学びと，協働的な学びの実現〜

（答申）』を提出し，また教育課程部会で「特定分野に特異な才能のある児童生徒に対する指導」について審議されるなど，我が国においても特定分野に特異な才能のある児童生徒に対する支援の在り方に関心が高まりつつある。2021年6月には「特定分野に特異な才能のある児童生徒に対する学校における指導・支援の在り方等に関する有識者会議」が設置され，才能伸長の具体的方策が議論されている。

　公平・公正の観点からは，公教育が，個体要因・環境要因により異なる才能，適性，背景，意図をもった子どもに対して，自律し責任ある社会のメンバーとなれるような教育を提供することを目的としているならば，多様な子どもを最適に発達させるため，個人のニーズに適合的な学習環境の構築は必須となる。垂直的公正をもとに才能児への特別な配慮は容認されるであろうか。教育は「平等」を目指すべきなのだろうか。それとも「公平・公正」を目指すべきなのであろうか。

4　移民教育——フランスの教育制度から

（1）フランスの学校制度

　フランスの教育制度は，2歳から始まる就学前教育，5年間の初等教育と7年間の中等教育，高等教育から成り，このうち3歳から16歳に達するまでの13年間が義務教育である＊（図5-3）。中等教育はさらに4年間の前期課程と3年間の後期課程に分かれ，前期課程の最終学年でテストを受け，テストに合格すると国家資格である中等教育終了資格証書を授与される。後期課程では，リセと呼ばれる普通教育課程，職業資格を取得するための職業リセ，工業の実践的な専門教育を行う工業リセから進路を選ぶ。リセの最終学年ではバカロレアと呼ばれる試験を受け，これに合格すると高校卒業資格（大学入学資格）が得られる。

　　＊2018年度までは6〜16歳の10年間が義務教育であったが，2019年度から義務教育
　　開始年齢が3歳に引き下げられた。これは，移民の子どもなど，言語的・経済的

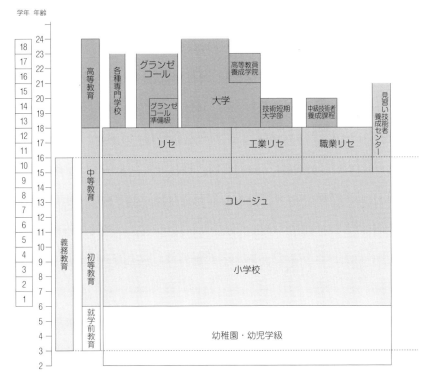

図 5 - 3　フランスの学校体系

出所：文部科学省（2019），Eurodice（2019a）より作成。

な理由で幼稚園・幼児学級に通えない子どもの学力が問題視されたためである。家庭の経済レベルや社会的な要因によらずすべての子どもが人生の平等なスタートラインに立つことができる『社会的な正義』を目指すためには，幼児教育が重要なカギを握っている。

　おもな高等教育機関としては，大学とグランゼコールがある。大学が主として研究・教育を目的とするのに対し，グランゼコールは，将来フランスの政治・軍事・教育などあらゆる分野で国を動かすような公務員を育成するためのエリート官僚養成学校である。大学には入学試験はないが，グランゼコールに入学するための試験は非常に難関であり，その合格のための準備コースも置か

れている。

　フランスでは，国籍に関係なくすべての子どもに教育を受ける権利を認め，義務教育に無償で受け入れることが教育法典で定められている。また，習得主義がとられており，教育内容の理解度に応じて留年や飛び級といった措置が取られる。

（2）スカーフ事件

　スカーフ事件は，1989年にパリ郊外の町で起こった，フランスの教育における統合問題の象徴とも言える事件である。

　1989年10月，公立学校に通うイスラム系の3名の女生徒がスカーフを校内で着用していることを理由に，教室に入ることを禁止された。学校からの再度の勧告にもかかわらずスカーフを着用し続けたため，彼女たちは退学処分に処せられた。学校側は，退学処分とした理由について，スカーフは宗教色が強く，校内での着用は政教分離の原則，公教育の非宗教性に反すること，体育や科学の実験授業のときに危険であることを挙げた。

　国務院は，基本的人権を尊重する立場から思想・宗教・政治的な活動を原則として禁じることはできないとした上で，スカーフ着用は公教育の非宗教性の原則と相反するものではないが，過度に露骨で扇動的な着用により他の生徒の信教の自由を侵害する恐れがある場合や，着用している本人の生命に危険が及ぶと判断される場合は許されないとの見解を示した。つまり，公立学校における信教の自由は，校内の秩序を乱したり，授業を妨げたりしない範囲でのみ容認され，その判断は個々の事例ごとに行われることが明確にされたのである。この事件はマスメデイアで大きく取り上げられ，宗教の自由と教育を受ける権利について全国的な論争を呼び起こした。そして2004年に，フランス議会上下両院で宗教的なシンボルを学校に持ち込むことを禁止する法案が可決され，学校におけるスカーフの着用は認められないことで決着を見た。しかし，公の場における宗教シンボルの着用を規制するのか，容認するのかについては，宗教の自由と，イスラム原理主義者や過激派によるテロ事件と治安の確保とも関わって，いまだに論争の絶えない問題である。

（3）共和国の理念とシチズンシップ教育

　フランスでは，フランス革命以来の「共和国の理念」，すなわちフランス国旗に象徴される「自由」「平等」「博愛（友愛）」の理念に基づいて，国家の統合が目指されてきた。フランスでは「公」と「私」が厳格に区別され，私的な領域においては文化的・宗教的多様性は認められるものの，公的な領域においては「ライシテ」の原則に従い，共通の理念＝共和国の理念を共有するフランス国民としてふるまうことが求められる。ライシテとは，政教分離，非宗教性，世俗性などと訳され，国家と宗教の分離，信仰の自由を意味する。フランス革命を通じてフランス市民が勝ち取ったフランス市民の権利として最も重視される原則である。そしてフランス国民としての資質，すなわちシチズンシップを身に付けた国民を育成するのが公教育の重要な役割であり，フランスの教育法典には，学校は共和国の理念を生徒たちに共有させることを第一の使命とすることが明記されている。

　したがって，公の場である学校においては，宗教的中立性を維持する非宗教性の原則が確保されなければならない。2013年には当時の教育大臣であったペイヨンが「非宗教性（ライシテ）憲章」を発表して，フランスの非宗教性の原則，宗教上の理由による学習内容に対する異議の禁止，信教的シンボルの着用禁止などを明示し，公立校における教育の非宗教性を徹底させた。

　シチズンシップを身に付けるための教育＝シチズンシップ教育は，「市民教育科」と教科横断的な「市民教育」において行われる。フランスの学習指導要領には「人権教育と市民性教育」「個人・集団の責任に関する教育」「批判的精神の練習や議論の実践によって判断する教育」を行うことが定められており，人権，民主主義，共和国の理念，政治や選挙の制度，社会参加について学ぶことになっている。シチズンシップ教育をさらに強化するために行われるのが市民的イニシアティヴである。これは，「市民性」「道徳」「暴力」「ともに生きる」といったテーマのキャンペーン週間を設け，そのテーマに基づいて討論したり，裁判所や消防署など校外の施設を訪問したり，共同生活の規則を盛り込んだプロジェクトを企画して参加したりすることで，生徒に市民道徳を自覚させることを目的としている。

このようにして，共和国の理念のもと，公的な領域でどのようにふるまうべきかが教えられ，理念と態度・ふるまいを共有することで国家としての統合が図られている。

（4）多様性と国民の統合

　フランスにおいては，外国籍の子どもに限りフランス語の習得とフランスの学校文化への適応のための特別なクラスが開設されるが，フランス国籍を取得した移民第2世代に対しては，ライシテの原則と共和国の平等原則により，公的空間である公立学校においては，母国語や文化的アイデンティティに配慮した教育は行われない。社会・経済的困難を抱える地域における子どもたちへの教育に重点的に財政的・人的資源を配分する ZEP（教育優先地域：Zone d'éducation prioritaire）に含まれる形での支援が行われるのみである。共和国の理念とは，換言すれば，「区別され，隔離されることなく，あらゆる人々が平等な存在として『公的に』連帯していく」（園山 2016）インクルーシブな考え方であり，公的な領域においては，すべてのフランス市民が属性にかかわらず受容されるということである。しかし，子どもには日常の生活実態があり，学校教育との齟齬はアイデンティティの葛藤と疎外感をもたらす可能性がある。

　1980年代以降の中東からの移民の増加は，ライシテの原則に揺らぎをもたらした。スカーフ事件もこのような背景の下で起こったものである。さらに，2001年の9.11アメリカ同時多発テロ事件以降は，イスラム教徒に対する偏見と差別が強まっており，完全な同化を求める声と排除を求める声が大きくなっている。

　このような中で，教育は社会的紐帯となりうるのか，多様な子どもたちをいかにして共和国の形成者として育成するのか，彼らの文化的・宗教的アイデンティティを教育の場でどのように尊重するのか（しないのか），人々の国境を越えた移動が増大している今日の教育の大きな課題である。

5　教育の目指すもの

　これまで見てきたように，生徒は，能力的にも文化的にも，環境的にも多様

であるが，教育を受ける権利はすべての生徒に対して保障されなければならない。

　このような多様性に対する寛容を捉える際に鍵となるのは，「公」と「私」の概念である。教育は，「公」に属するのだろうか，それとも「私」に属するのだろうか。

　一般に財は「公共財」「私的財」「中間財（準公共財）」に分類される。公共財は，多数の利用者に対して同時に便益を提供する（非排除性，非競合性を有する）ものであり，私的財は，単一の利用者にだけ便益をもたらすものである。教育は文化や制度を基盤にして個人の利害や関心を越えた次元で社会を再生産していく公共財としての性質をもつと同時に，個人によって差異的に私有されることになる私的財としての性質ももち，「公共財」と「私的財」に間に位置づく「中間財」であると言われる。

　したがって，公立学校といえども，異なる家庭的背景や生活実態が教育の場に持ち込まれることは避けられない。一方で，自律した社会人として生きていくためには，一定の共通知識とシチズンシップを身に付ける必要がある。公教育の中で両者をいかに保障していくかが教育の大きな課題であろう。

　教育は，中間財としての性質を基盤とし，一人一人異なる存在である子どもたちの差異に配慮してその人権を保障しつつ，国家としての統合と利益を追求する困難な営みであると言える。

学習課題

「教育における平等，公平・公正性について考えてみよう」
（1）親の教育の自由は認められるべきだろうか。
（2）学校教育の中で個人の違いを尊重することはどこまで可能だろうか。
（3）移民を社会的に包摂するための教育はどのようにあるべきだろうか。

引用・参考文献

岩永雅也（2021）「才能教育の諸類型～日本型才能教育を巡る討論資料～」（特定分野に特異な才能のある児童生徒に対する学校における指導・支援の在り方等に関する有識者会議（第1回）配付資料）

https://www.mext.go.jp/content/20210726-mext_kyoiku02-000016715_004.pdf

ハワード・ガードナー，松村暢隆訳（2001）『MI ——個性を生かす多重知能の理論』新曜社.

鈴木規子（2016）「フランスにおける市民的統合と移民の動向——ポルトガル系移民の政治的・経済的統合に関する事例」『三田社会学』21：18-29.

園山大佑（2016）『岐路に立つ移民教育　社会包摂説への挑戦』ナカニシヤ出版.

田中（斎藤）理恵子（2005）「「オランダモデル」の文化的背景——合意と共存のコミュニティ形成」『社学研論集』5：1-14.

古田薫（2007）「教育におけるニーズ概念とニーズアセスメント」」『京都大学大学院教育学研究科紀要』53：432-444.

古田薫（2005）「アメリカ各州における才能教育の動向：各州の施策に関する統計的分析」『児童・生徒の潜在的能力開発プログラムとカリキュラム分化に関する国際比較研究』平成15-16年文部省科学研究費補助金（基盤研究(C)(2)）研究成果報告書，55-80.

松浦真理（1993）「オランダにおける教育の文化多元主義政策の特質」『比較教育学研究』19：79-90.

松尾知明（2017）『多文化教育の国際比較——世界10カ国の教育政策と移民政策』明石書店.

松村暢隆（2003）『アメリカの才能教育——多様な学習ニーズに応える特別支援』東信堂.

文部科学省（2021a）『諸外国の教育統計』令和3（2021）年版』
https://www.mext.go.jp/content/20210602170043-mxtchousa02-000015333_00.pdf（最終閲覧日2022年6月20日）

文部科学省（2021b）『令和の日本型学校教育」の構築を目指して〜全ての子供たちの可能性を引き出す，個別最適な学びと，協働的な学びの実現〜（答申)』（中央教育審議会）

文部科学省（2021c）『特定分野に特異な才能のある児童生徒に対する学校における指導・支援の在り方等に関する有識者会議　論点整理』
https://www.mext.go.jp/content/20211217-mxt_kyoiku02-000019616-01.pdf（最終閲覧日2022年6月20日）

リヒテルズ直子（2004）『オランダの教育——多様性が一人ひとりの子どもを育てる』平凡社.

国立国会図書館調査及び立法考査局（2013）『基本情報シリーズ　各国憲法集(7)オランダ憲法』.

https://dl.ndl.go.jp/view/download/digidepo_8186538_po_201203c.pdf?
contentNo=1（最終閲覧日2022年 6 月20日）

Alexandra Ossola　（2019）"Gifted education in America is finally moving past its legacy of inequality", The New Science of Talent.
https://qz.com/1752853/how-gifted-programs-for-children-are-becoming-more-equitable/（最終閲覧日2022年 6 月20日）

Davidson Institute "Search Database: Support for Gifted Programs vary greatly from state to state"
http://www.davidsongifted.org/search-database/entrytype/3（最終閲覧日2020年 1 月10日）

Education Inspectorate（2017）"Inspection Framework Primary Education"
https://english.onderwijsinspectie.nl/binaries/onderwijsinspectie_eng/docu
menten/publications/2017/06/21/inspection-framework-primary-educaton-2017/
Research+Framework+Primary+Education.pdf（最終閲覧日2022年 6 月20日）

Eurydice（2021a）"National Education System: France"
https://eacea.ec.europa.eu/national-policies/eurydice/content/france_en　（最終閲覧日2022年 6 月20日）

Eurydice（2021b）"National Education System: Netherlands"
https://eacea.ec.europa.eu/national-policies/eurydice/content/netherlands_en
（最終閲覧日2022年 6 月20日）

Eurydice（2021c）"Statistics on Educational Institutions Netherlands"
https://eacea.ec.europa.eu/national-policies/eurydice/content/statistics-organi
sation-and-governance-53_en（最終閲覧日2022年 6 月20日）

Florida Department of Education, Bureau of Standards and Instructional Support, Division of Public Schools（2017）"Florida Plan for K-12 Gifted Education"
http://www.fldoe.org/core/fileparse.php/7567/urlt/FPK12GE.pdf（最終閲覧日2022年 6 月20日）

Florida Department of Education "Gifted Education"
http://www.fldoe.org/academics/exceptional-student-edu/gifted-edu.stml　（最終閲覧日2022年 6 月20日）

Ministry of Education, Culture and Science
https://www.government.nl/ministries/ministry-of-education-culture-and-science（最終閲覧日2022年 6 月20日）

（古田　薫）

第6章

教育の内容を深めるために(2)

── 日本の学校教育制度から

　日本の「学校制度」について，文部科学省は「子どもたち一人ひとりを総合的に把握しながら指導するという特徴があり，幼いうちに身に付けるべき資質や人格，能力を育むための場」として発展してきたと説明している。諸外国では「教員の業務が主に授業に特化」しているのに対し，日本では「教員が教科指導，生徒指導，部活動指導等を一体的に行うこと」に特徴があり，このような教員の献身的な取り組みが「日本の学校教育の高い成果に貢献している」と分析している。しかし一方で，こうした教員の献身的な取り組みは同時に「教員に大きな負担を強いている状況」にあることを課題として挙げている。

　教員を目指す一人一人に，日本の学校教育の特徴と課題を踏まえた上でこれからの学校について考えてほしい。その際に必要なものが「教育観」となる。教育とは何か，教員の役割とは何か，学校とは何か。このことを探求し，それぞれの「教育観」を作り上げることが必要である。そのために本章では日本の教育制度の歴史を確認していきたい。教育の歴史を学ぶことを通して，現在の教育を相対的に見る視点を得るとともに，教育の歴史の流れから「教育とは何か」を探求してほしいと考えるからである。

1　前近代における教育・教育制度

（1）古代の教育

　日本における教育史の最初をどこと捉えるかは難しいが，人が人へ何かを伝え，継承していくこと，互いの経験や思想を伝えることを教育の端緒と考えるのであれば日本に人類が生活を始めた，その時からということになろう。ただ，

文献からそのことを明らかにするとすれば『古事記』や『日本書紀』に記述された事項を確認する必要がある。

　記紀には，第15代に数えられる天皇，応神天皇の時代に百済から日本に渡来した王仁によって，「千字文」と「論語」が伝えられたと記述されており，漢字や典籍の他にも，鉄器・須恵器の生産，機織り，土木などの諸技術をもち，秦氏，東漢氏の祖先とされる弓月君や阿知使主らの渡来の説話も記述されている。日本における国づくりが中国大陸や朝鮮半島との交流，渡来人の力に助けられて形成されていったことが記紀の伝承から読み取ることができる。

　大陸や半島からの渡来人によって先進文化や技術が伝えられ，それを学ぶことを日本の教育史の始まりだと捉えると，日本の国の教育はその後の時代においても外来文化の摂取を基調としていることを想起することが必要であろう。

　日本において制度としての教育が整備されるのは8世紀のこととなる。唐の社会規範を規定する刑法的な「律」と社会制度を規定する行政法的な「令」，いわゆる「律令」体制による中央集権的国家をモデルとし，日本においても律令を編纂し，701年に「大宝律令」を完成させ，朝廷を中心とする中央集権国家体制を整えていく。この大宝律令の規定の中にある「学令」により，官吏養成のための教育機関である「大学（寮)」が中央（都）に，「国学」が地方に設けられたのである。大学には貴族の子弟や朝廷に文筆で仕えてきた人々の子弟，国学には郡司らの子弟を入学させた。大学で学ぶ中心教科は，儒学を学ぶ「明経道」と律令など法律を学ぶ「明法道」であった。なお，平安時代になると貴族の教養として漢文や歴史を学ぶ「紀伝道」が重視されるようになる。学生として大学を修了し，さらに官吏登用試験を経て官僚となる制度が整えられたのである。

　大学や国学などの教育機関は官吏養成・人材登用を目的としていたが，藤原氏一族の権勢の確立とともに官職の世襲が一般化されると，これらの機関は衰退していった。

　平安時代に入ると有力貴族が一門の勢力の伸張を目的として，「大学別曹」と呼ばれる教育機関を設けて，一族の子弟をそこに収容し学ばせた。これらは独立性を持ち，寄宿舎であるとともに，研究所的な性格をもっており，最古の

大学別曹とされる和気氏の「弘文院」，藤原氏の「勧学院」，橘氏の「学館院」，在原氏や皇族の「奨学院」などが設立された。

　なお，奈良時代から平安時代にかけて，このように官吏養成を目的として教育機関が設けられたが，前述したように，入学については身分制限があり，一般民衆が学問を志すことは非常に困難であったが，空海（弘法大師）は庶民のための教育機関「綜芸種智院」を828年に創設した。存続した期間は短かったものの，ここでは仏教・儒教・道教などが講義されていたと伝えられている。

　また，『続日本紀』などによれば，奈良時代末に大納言の石上宅嗣が自宅を改造して阿閦寺を建立し，書庫を中心とする一区域を設けて芸亭と名付け，好学者に自由に閲覧させたという記述がある。この書庫「芸亭」こそが日本最初の公開図書館とされている。

　ところで，古代における教育は男子にしか門戸が開かれていなかった。女子に対する教育はあくまで家庭で行われていた。貴族階級の家庭では将来の宮仕えのために，美しい文字を書くための手習い，和歌，音楽，絵画などの教養を身に付けるために幼少期から家庭教育がなされた。平安時代になると男文字である漢字に対して女文字としての仮名文字が作られたことにより，女子の教養も一層と高まり，和歌・日記・随筆・物語などの女流文学の隆盛を見ることにもなった。しかし，貴族女性の品性として，仏教に対する信心，もののあわれを知る心性とともに従順で忍耐強く，嫉妬深くない心情が求められたのである。

（2）中世の教育

　鎌倉時代から室町時代には，京都の貴族が古典研究や有職故実の学問の担い手となっていた。

　しかし，武家階級という新たな社会層が台頭する中で，貴族層に代わって禅宗寺院や学識僧が学問の担い手として台頭してきた。なかでも京都五山・鎌倉五山を中心とした五山が室町期には幕府の官僚としても活躍する。

　五山とは鎌倉時代末期，幕府は南宋の五山十刹制度に倣って導入された制度で，鎌倉の臨済宗の寺院のうち，建長寺・円覚寺・寿福寺・浄智寺・浄妙寺が鎌倉五山として定められた。さらに，室町時代初期には，京都において，南禅

寺を別格として，天龍寺・相国寺・建仁寺，東福寺，万寿寺を京都五山として選定した。これら五山の僧たちは，中国文化に通じており，五山では漢文学（五山文学）がさかんに行われており，五山は学問の中心となった。また，漢文に堪能な五山僧は幕府の外交文書の起草を行うなど，外交顧問的役割も果たし，幕府の官僚としての役割も担っていたのである。

　武家自身も，自らの後進のために，学問を身に付けるための施設や学校の整備に配慮するようになった。

　鎌倉時代には北条実時が金沢の称名寺（神奈川県横浜市金沢区）に金沢文庫を設置し，多くの文書を収集し，蔵書数は1万3,000冊を超える図書館的な役割を果たしていた。鎌倉幕府滅亡後には金沢文庫は隣接する称名寺によって管理され，現在は神奈川県立金沢文庫の名の博物館として存続している。

　学校という言葉が使われた最古の教育施設である足利学校が栃木県足利市に史跡として残されている。創建については，奈良時代の国学の遺制説，平安時代の小野篁説，鎌倉時代の足利義兼説などがあるが，その存在が歴史の上で明らかになるのは，室町時代に関東管領であった上杉憲実が，現在国宝に指定されている書籍を納め，鎌倉の円覚寺から快元を招いて庠主（今でいう校長）とし，経営にあたらせるなどして学校を再興してからである。足利学校は，応仁の乱以後の戦国時代においても学問の灯を絶やすことなくともし続け，学徒3,000人とも言われるほどの隆盛を極め，宣教師フランシスコ・ザビエルに「日本国中最も大にして，最も有名なアカデミー（坂東の大学）」とヨーロッパにも紹介された。また，宣教師たちは，当時の日本の代表的な学校として，他に高野山，比叡山などをヨーロッパ本国に報告している。

　一方，中世においても，庶民の教育機会は限られていたが，室町時代になると，わずかながら一般庶民の教育を担う寺院が現れる。『長谷寺霊験記』には，摂津住吉の藤五という者が子息を和泉の巻尾寺へ送り，読み書きを学ばせた話が記載されている。興福寺多聞院の日記には，多聞院やその塔頭には奈良の商人の子どもたちが読み書きを習うために預けられていたこと，その中には女子の存在も書かれている。先に挙げたザビエルの本国への書簡にも，僧侶は自分の寺院で子どもたちを教育し，尼僧は少女に，坊主は少年たちに書くことを教

えていたことが報告されている。

　安土桃山時代に入ると，織田信長によってキリスト教の布教活動が容認され，そのもとで，日本で最初の初等教育から高等教育までの体系だった教育制度をもつキリシタンの学校が西国を中心に作られていった。教会付属の初等学校，中等教育機関のセミナリオ，高等教育機関のコレジオがそれである。初等学校では，子どもたちに読み・書き・算が教えられ，西日本の諸教会に付属して約200校を数えるいたった。セミナリオは，肥前の有馬と近江の安土に設けられた。とくに有馬のセミナリオでは，ヨーロッパから優秀な教授陣を招き，当時のルネサンス期の最先端の教育が行われていた。天正の遣欧少年使節として1582年にローマ教皇に謁見した伊東マンショ・千々石ミゲル・中浦ジュリアン・原マルチノの4名の少年は有馬のセミナリオの卒業生でもあった。

　豊後府内（大分）に開設されたコレジオは，イエズス会が聖職者の養成と西洋文化を教えるために設置した「大学」であり，神学・哲学・ラテン語・日本語・日本文学・自然科学などが教えられた。コレジオには天正の少年遣欧使節が持ち帰った活版印刷機が導入され，キリシタン版とよばれる辞書や伊曾保（イソップ）物語などを刊行するなど，日本の文化史上に大きな業績を残している。

　中世における女子の教育であるが，古代と同じように家庭教育が中心であった。しかし，古代貴族社会とは違い武家社会では女性が男性の家に入る結婚形式が一般化していった。男性が戦いや動員などで家を離れる際に，家を守り，領地を管理し，使用人をまとめる役割が妻に求められたのである。中世武家社会における女性にとって何より必要とされたのは，家を守ること，一族の繁栄を築くことであり，武家の女性の徳目には勇武と貞淑が重視された。

（3）近世の教育

　徳川家康が江戸に幕府を開いてより明治維新にいたるまでを，江戸時代と呼ぶが，この時代は幕藩体制を基盤とする封建的身分制社会であり，教育についても基本的には支配層である武士の子弟が学ぶ藩校と庶民階層が学ぶ寺子屋というように，身分関係に対応した形で展開した。また，商品経済の進展や幕府

や藩の財政的危機に加えて欧米列強のアジアへの進出が脅威となっていく19世紀にはさまざまな教育機関が整備され発展していく。この節では，最初に支配層の幕府や藩の教育機関，私塾や家塾と呼ばれる教育機関について概観し，最後に日本の近代教育成立に大きな影響を与えた寺子屋について確認していく。

　幕府や諸藩においては五山僧が学んでいた南宋の朱熹（しゅき）によって構築された朱子学を中心に儒学が盛んとなった。朱子学は君臣・父子の別をわきまえ，上下の秩序を重んじる学問であるため，平和となった時代の封建的身分秩序を維持するために江戸幕府や藩に受け入れられたのである。家康は朱子学派の林羅山を用い，羅山の子孫である林家が代々幕府に仕え学問と教育を担った。18世紀末には幕府は林家の家塾を昌平坂学問所（昌平黌）とする直轄学校とし，ここでは朱子学を正学とした。はじめは入学できるのは徳川家の旗本・御家人の子弟に限られていたが，後には各地各藩から俊才が集まり，江戸時代における最高学府としての地位を占めるようになった。

　また，各藩でも藩校が設けられ，藩士子弟に対して儒学と武芸を中心とする教育が行われた。最も古いものは岡山の池田光政が設けた花畠教場である。光政は儒学の一学派である陽明学者の熊沢蕃山を招聘し，1641年に花畠教場を開校した。江戸前期に設けられた藩校は花畠教場でみるように，好学の藩主が学問奨励の趣旨をもって作られたものが多く，1750年までに設立された藩校は28校に過ぎなかった。18世紀後半に入ると設立状況は一変する。1871年までに223校，さらに明治を迎え廃藩置県までには255校にまで達した。18世紀後半以降急増した理由は，藩の財政改革，藩政改革の一環として設けられたことにある。有能な人材を発掘・育成し，その有為な人材を登用することによって藩士の士気を高めることと，藩士としての統制と団結を求めることにあった。藩校の目的が有能な藩士の育成になり，多くの藩では義務制を敷き，藩士子弟を7歳から8歳で入学させ，15歳から16歳で卒業，藩に出仕する体制を整えた。藩校における学習内容は江戸初期と同様儒学と武芸が中心であったが，幕末に近づくにつれて洋学，医学，工学など西洋学問を取り入れる藩校も見られた。著名な藩校として，萩の明倫館（1719年），熊本の時習館（1755年），鹿児島の造士館（1773年），米沢の興譲館（1776年），福岡の修猷館（1784年），会津の日新館

（1799年）などが設立されている。

　また，藩の支援を受けて藩士や庶民の教育を目指す郷学（郷校）が作られることもあった。池田光政が1670年に設立した閑谷学校はその例である。

　次に，家塾・私塾について概観していく。著名な学者が指導した私塾からは，多くの人材が輩出されているが，漢学塾としては，中江藤樹の藤樹書院（近江），荻生徂徠の蘐園塾（江戸），広瀬淡窓の咸宜園（大分），伊藤仁斎の古義堂（京都堀川），中井竹山ほかの懐徳堂（大坂），吉田松陰の松下村塾（萩）などがあり，西洋医学の代表的な塾としてはシーボルトの鳴滝塾（長崎），そして，蘭学の塾としては緒方洪庵の適塾（大坂），杉田玄白の天真楼（江戸），大槻玄沢の芝蘭堂（江戸）などがある。また，庶民のための実践的道徳である心学を教える石田梅岩の心学講舎（京都）や道徳と経済の融合を説いた二宮尊徳とその教えを伝えた報徳社などもここに挙げることができる。これらの家塾や私塾の中には，塾として教育を行った期間は短いものの，後の世に大きな影響を残したものや，明治以降もその伝統が続いているものもある。

　近代の学校教育との関連から最も注目すべき近世における庶民の教育機関である「寺子屋」について確認していこう。近世庶民の子どもたちに「読み・書き・そろばん」などを教える「寺子屋」は，中世において発生した寺院の世俗子弟教育の流れをくむ機関である。前節でも述べたが，中世に入ると庶民の世俗教育を行う寺院が生まれた。子どもたちは6，7歳ぐらいから寺院に住込んで学習生活を送る。この子どもたちが寺子と呼ばれた。近世に入ると寺院とは別に子どもたちを教育するところが現れたが，寺子の言葉はそのまま残され，江戸時代には子どもを教える施設を寺子屋と呼ぶようになった。寺子屋は，最初は京都・大坂・江戸などの都市部に，さらには地方都市，そして農山漁村にいたるまで地域の人々の教育要求に基づいて，自然発生的に設けられ教育機関であった。産業・交通・流通が発展し，経済活動が活発化し，貨幣経済へと進展していく中で，庶民の間にも読書能力や計算能力の必要性が高まったことにあった。また，支配者が触書などを通して弛緩してきた封建的秩序の回復維持をはかることを意図し，その設立を奨励したことなども一つの要因であった。

　寺子屋の師匠の職業・階層は，僧侶・武士・神官・医師・庶民などと多様で，

また女性も師匠となっていた。寺子（筆子）は5，6歳で入学し，3年から7年通うのが一般的であり，年齢の異なる20人から40人が同時に学んでいた。学習の中心は「手習」（習字）であり，主に往復書簡などの手紙類の形式をとって作成された「往来物」を教科書として，基礎的な読み書きや算盤を学んだ。最古の往来物は平安時代に作られているが，中世から近世になると多種・多様な内容をもつ往来物が現れた。『庭訓往来』や『実語教』といった教訓的なもの，『百姓往来』や『商売往来』といった産業に関連したもの，さらには語彙・社会・消息・地理・歴史・理数，女子用道徳，といった領域があった。

　ところで，寺子屋の普及状況はどの程度であったのだろうか。『日本教育史資料』（文部省 1970）に掲載されている寺子屋総数は全国で1万5,512である。しかし，文献に記載されていない寺子屋も多数存在しており，寺子屋の師匠の遺徳を偲んで教え子たちが記念として建立した筆塚（筆子塚）の跡などから考えると，実際には5万以上の寺子屋があったと推測される。（2019年での小学校の数は文科省の学校基本調査の基本データでは2万1,752校：国立74・公立2万1,462・私立216）。また，寺子屋への就学率は，地域格差があるが，たとえば江戸の場合は86％にも上った。寺子屋教育の著しい広がりが明治初年における小学校の急速な普及の基盤となったことに歴史的意義が認められる。

　なお，日本研究家のアメリカ人，スーザン・B・ハンレー（1939〜）はその著書『江戸時代の遺産』（1990）の中で「1848〜60年の江戸での就学率は，70〜86％と考えられている。これとは対照的に，1837年の時点でのイギリスの大きな工業都市では，学校へ言っていたのは4，5人に一人に過ぎなかった。明らかに日本人はたとえ農民であっても自分たちの子供を学校へやることができるだけの収入レベルに達していたのである」と記述している。

　最後に，江戸時代の女子教育について確認しておく。女性の師匠がいたことも触れたが，江戸時代の終わりに入ると，寺子屋で学ぶ女子も増加していった。しかし，就学率は男児に比べてはるかに少なく，前時代と同じように女子は家庭での教育が一般的であった。封建的身分社会は主従関係を基礎としており，それは家庭内にも及び，親子の関係，夫婦の関係も主従の関係と同様に見なされていた。家庭での女子の地位は低く，女子の教育はこのような人間関係を基

礎とし，男子の教育と全く別に考えられていた。女子教育の内容は，裁縫・茶の湯・活花あるいは礼儀作法などの女子的教養，すなわち女として妻としての「たしなみ」が重視され，『女大学』『女論語』『女今川』『女実語教』などの教訓書が多数書かれている。

2　近代から戦前までの教育・教育制度

（1）近代教育のはじまり

　明治維新を迎え，新政府は西洋列強からの独立と近代日本国家を創出するために欧米から学び富国強兵政策を進めていく。なかでも教育は国民の統合と国内の産業化を進める上で何よりも重要な課題と考えていた。1869（明治2）年に出された地方行政指針「府県施政順序」には，「小学校ヲ設クル事」と示し，小学校の設置を命じている。1871年に文部省が設置され，日本における近代公教育の起点となる「学制」が1872年に出されるが，この指針により学制公布前にも小学校が設けられている。京都の番組小学校，沼津兵学校付属小学校，岩国藩や金沢藩の小学校，名古屋の義校などがその例である。なお，京都の番組小学校は1869年，当時の住民自治組織であった「番組（町組）」を単位として創設された日本初の学区制小学校であり，その学校数は64校であった。

（2）明治期の教育：学制から学校令——学制と明治期の教育

　1872（明治2）年，フランスの教育制度をモデルにした「学制」が公布され，日本の公教育制度はここに始まる。近代国家を目指し「殖産興業・富国強兵」の実現と国民の統合を図ることを目的とし「日本国民」を創出するためである。学制では全国を8大学区（後に7大学区）に分け，各大学を32の中学区，各中学区を210の小学区に分け，それぞれに大学校・中学校・小学校を各1校設けることが示された。人口600人に1小学校を全国均等に設置していくという発想に基づき，子どもたちが自分の住んでいる地域の学校に通えるようにするということであった。この時期には，藩校・寺子屋・塾などをベースに実際には2万6,000あまりの小学校が作られている。

修業年限を，小学校を下等小学 4 年（ 6 歳から 9 歳まで），上等小学 4 年（10歳から13歳まで）に分け，男女ともに必ず卒業すべきものとした。小学校を卒業し，選ばれた者が中学校へ，さらに大学へと進む制度であった。

学制の公布に合わせて示された「被仰出書」（学事奨励ニ関スル被仰出書）には，学校を設立した理由を「立身治産」にあると説いている。また，「自今以後一般ノ人民 華士族卒農工商及婦女子必ス邑ニ不學ノ戸ナク家ニ不學ノ人ナカラシメン事ヲ期ス」とあり，国民皆学が謳われている。

教育内容はアメリカの教育に学び，アメリカの教科書を翻訳したテキストを教材として活用していた。さらに，この時期に合わせて東京に師範学校を開設し，教員養成のためにアメリカ人スコット（Marion M. Scott）を雇っている。

しかし，学校建設の費用は各校区で，入学者には授業料を徴収したために，民衆からは不満が続出した。地租改正，徴兵令などの改革が続き，明治政府の政策への不満が出ていたが，働き手でもあった子どもを学校へ行かせ，しかも授業料まで支払うという制度改革に国民の大多数であった農民からの不満はおさえられないものになっていった。この時期の就学率は30％程度にとどまり，学制反対一揆や学校焼き討ち事件まで起きる事態となった。

画一的な教育制度を地域の実情を考慮せず実施したことによる課題の噴出から，1879（明治12）年に学制を廃し「教育令」を公布する。日本国民を創出するために小学校を全国に作り，就学させることを目指した学制の改正である。教育令は岩倉遣欧使節団の随員で欧米の教育を学んだ田中不二麻呂と政府が招請したアメリカ人教育学者のダビット・モルレー（D. Murray）が中心であった。各地域の町村が学校運営の主体となる地方分権の色彩の強い改革であり，自由主義的な教育をめざし，国家統制色は弱く，修業年限も地域の実情に合わせている。このためこの教育令は後の時代に自由教育令と呼ばれるようになった。

なお，この教育令では小学校での授業内容を次のように定めている。

1 「読書・習字・算術・地理・歴史・修身等ノ初歩」
2 それぞれの土地の状況に応じて「罫画・唱歌・体操」「物理・生理・博物等ノ大意」を加えることができる。

3 「殊ニ女子ノ為ニ裁縫等ノ科ヲ設クヘシ」

　しかし，この自由教育令は1年で改訂されてしまう。翌年の1880年には「改正教育令」が出され，義務教育を4年と定めた国家の管理統制の強い中央集権の色彩の強い内容に大きく軌道修正された。こうした方針転換が行われたのは明治初期の教育が欧米の進んだ制度・文化のもとに行われていた反動からである。儒学者たちの復職・復権を求める動きと重なり合って，儒教道徳を教育の中心におくべきだとするものであった。その中心には儒教主義的皇国史観思想に基づき修身を重視することを求めた元田永孚がおり，1879年には元田が起草した「教学聖旨」が出され，その理念が具体化されたのが改正教育令であった。「教学聖旨」を理念とする教育には「徳育論争」と呼ばれる論争が起こる。伊藤博文の儒教教育への回帰への反発や福沢諭吉・西村茂樹・森有礼など啓蒙思想識者からの反論もあった。しかし，1881年には小学校教則綱領において「修身科」の首位教科の位置づけがなされた。さらに1890（明治23）年の「教育勅語」が出され1945（昭和20）年の日本の敗戦までの教育は，儒教主義的な皇国史観教育がなされていくことになる。

（3）学校令と教育勅語

　1885（明治18）年，内閣制度が制定され，伊藤博文を初代総理大臣とする伊藤内閣が誕生した。この内閣の文部大臣となった森有礼を中心に学校制度の改革が行われ，1886（明治19）年に「帝国大学令」「師範学校令」「中学校令」「小学校令」からなる「学校令」が制定された。森は学校体系の基本となる小学校，中学校，大学，師範学校の4つの学校制度を改めて確立した。

　これらの学校はいずれも学制により創始されたものであるが，小学校の設立を優先していたため，学校制度全体を一貫した原則によって組織するまでには至っていなかった。そこで，それぞれに独立した学校令を制定し，学校の性格を規定したのである。学校体系を組織するに当たって，大学を除いていずれも尋常・高等の2つの段階をもって編制した。小学校は尋常4年，高等4年，あわせて8年の学校であることは学制以来変わりはなかった。しかし，この小学校令において尋常小学校を義務制とすることを明確化，保護者には就学児童を

就学させる義務規定を設けたのである。日本における「義務教育制度」はこの小学校令をもって発足した。

なお，1900（明治33）年になると，義務教育（尋常小学校 4 年）の授業料が無償とされ，さらに1907（明治40）年には義務教育が 2 年間延長され，尋常小学校が 6 年制となり，高等小学校は 2 年制となった。

中学校も 5 年制の尋常中学校と 2 年制の高等中学校とに分けられた。尋常中学校は各府県に 1 校を設けることとし公費で賄われ，小学校卒業者から選抜され入学した。高等中学校は全国を 5 区に分けて，その区内の尋常中学校卒業者の中から選ばれたものが入学する制度とした。これによって，全国50校ほどの中学校が成立した。高等中学校には専門教育を行う機構も作られたが，帝国大学へ進学するための基礎教育を行なう教育が発展し，後に高等学校に改められて，大学への予科教育を行うようになった。この性格は1919（大正 8 ）年の高等教育制度の改革まで変わらなかった。師範学校も小学校教員を養成する尋常師範学校を各府県に 1 校ずつ設け，中等学校，尋常師範学校の教員を養成する高等師範学校は東京に 1 校設けることとしたのである。

1889（明治22）年に『大日本帝国憲法』が発布され，近代憲法をもつ立憲君主国家体制の基礎が作られた。教育に関しても1890年に「教育勅語」が明治天皇の言葉として発せられた。明治天皇の命を受け井上 毅と元田永孚が起案にあたった教育勅語は，これより国民道徳および国民教育の基本とされ，各学年の修身の教科書の最初のページに掲載され，50年以上の間，学校の式典で奉読され，国家の精神的支柱として重大な役割を果たすこととなった。

なお，教育勅語については実際に原文にあたって，自ら現代文に訳してほしい。世に流布している国民道徳協会の訳などとの違いを見つけるとともに，教育勅語の果たした役割や現代的評価について考えてほしい。

（4）高等教育の充実と大正自由教育

1894（明治27）年～95（明治28）年の日清戦争，1904（明治37）年～05（明治38）年の日露戦争を経て，「日本国民」としての意識が教育システムの確立と共に形成されていく。就学率が90％を超え，義務制，無償制，宗教からの中立

性の3条件が成立し，日本の公教育制度が完成するのはこの時期となる。近代の公教育制度は，欧米では約100年を要しているのに比べ，わが国の場合，わずか30年の間に公教育制度が成立している。

　さらに，1914（大正3）年～18（大正7）年の第一次世界大戦を迎える時期には，経済面・軍事面での国際的地位も上昇し，国内でも都市化が進展し，国民の生活水準も大幅に引き上げられた。そして，生活水準の上昇は，人々の教育や文化の欲求をうみ，都市を中心に中学校や高等女学校への進学者が増加し，高等教育を受けるものの数も増えた。社会の変化に対し，中等教育・高等教育機関を拡大・拡充するなど大規模な教育制度の再編を行った。1918（大正7）年には帝国大学以外にも公立大学，私立大学が認められた。私立大学としては，1920（大正9）年に慶應義塾・早稲田が最初に認可受け，続いて同志社・日本・法政・明治・中央・國學院がそれぞれ認可された。

　19世紀末から20世紀初頭にかけて欧米の教育界で，教師中心主義の教育から「子ども中心主義」の教育，いわゆる「新教育」運動が盛んになる。日本では大正時代にその影響がおよび始めた。大正デモクラシーの風潮にあった世相が追い風となり，教育内容・方法が，あまりに一斉画一的で，教育実践が固定化していたとの認識に基づき，子どもの興味・関心を中心に，より自由度の高い教育体験の創造を目指そうとする運動となって，「大正自由教育」と称される教育運動に発展した。この時期から取り組まれた主な教育方法として，ドルトンプランや生活綴方教育などがある。さらに，1921（大正10）年には，八大教育主張と銘打った教育学術講演会も開かれ，当時の教育界のリーダーたちが自らの教育論を主張し，日本における大正自由教育運動を盛り上げた。

（5）戦前・戦中の教育

　大正期に大正デモクラシーとして展開した思想・文化の自由主義的，民主主義的傾向やマルクス主義の立場は，1931（昭和6）年の満州事変以後の軍国主義の進展のもとで，排斥と抑圧をこうむって退潮し，かわってナチスを理想とする全体主義や天皇中心の国家主義が台頭した。教育界においても，1937（昭和12）年に文部省は国体の尊厳を説く「国体の本義」を作成して全国の学校・

官庁などに配布し，天皇制国家・皇国史観の普及徹底を図った。1938年には学徒勤労動員が始まり中学校，高等女学校の学生動員が工場等に動員された。さらに1941（昭和16）年には小学校令を改正し，「皇国の道に則って初等普通教育を施し，国民の基礎的錬成を行う」ことを目的とする「国民学校令」が出された。さらに文部省は「臣民の道」発行し，天皇と国家への忠誠を日常生活の中でも実践ことが求めた。これは教育勅語の忠君愛国精神を強くかつ詳細に具現化したものと言える。

3　戦後の教育・学校制度

1945（昭和20）年8月15日，日本はポツダム宣言を受託，無条件降伏を受け入れ戦争は終結する。

同年9月文部省は「新日本建設ノ教育方針」を公表し，戦前と同様に天皇制国家を維持するが，軍国主義教育を改め，民主化を目指した教育改革を行う事を示した。しかし，同年10月から12月にかけて連合国軍最高司令官総司令部（GHQ）から，①極端な軍国主義，国家主義の禁止，②軍国主義教員の審査と教職追放，③神道への政府の関与の禁止，④修身・日本歴史・地理の授業停止，いわゆる「四大指令」が発令される。これらの指令によって日本の教育から軍国主義，極端な国家主義的性格を除去するための教育政策が実施された。さらに，1946年3月に「第一次アメリカ教育使節団」が来日し，確立すべき新しい教育体制及び教育改革の基本的な方向を示した。同年8月，「教育刷新委員会」が設置され，戦後の教育改革が実施に移されていった。

1946（昭和21）年11月3日，日本国憲法が公布される。その第26条には，

1　すべての国民は，法律の定めるところにより，その能力に応じて，ひとしく教育を受ける権利を有する

2　すべて国民は，法律の定めるところにより，その保護する子女に普通教育を受けさせる義務を負ふ。義務教育は，これを無償とする

とあり，国民すべてに平等に教育を受ける権利が保障された。これは，戦前の教育が国家に対する国民の義務であったのに対して，「権利としての教育」を

保障したものであった。そして，教育の義務は，保護者には子どもに普通教育を受けさせる義務，国には無償による普通教育を受ける機会提供の義務があることを示した。

　1947（昭和22）年３月31日には，日本国憲法の理念に則り「教育基本法」が公布された。教育の目的を「人格の完成をめざし，平和的な国家及び社会の形成者として，真理と正義を愛し，個人の価値をたつとび，勤労と責任を重んじ，自主的精神に充ちた心身とも健康な国民の育成を期して行われなければならない」とし，教育の目的は国家にとって有用な人材の育成ではなく，「人格の完成」にあるとする戦後民主教育の理念を宣言した教育憲章というべきものであった。また，教育の機会均等，男女共学，義務教育の９年制が謳われている。さらに，同日には「学校教育法」も公布され，翌４月１日から施行された。学校教育法では憲法や教育基本法に示された機会均等の原則に立ち，戦前の複線型学校体系を改め，単線型学校体系を構想している。小学校（６年），中学校（３年），高等学校（３年），大学（４年）を基本として，同一年齢段階に他の学校教育機関を並置せず，６・３・３・４の学校体系を構築し，小学校・中学校教育９年間の義務教育制度を確立させたのである。

　新制の大学は，旧制度下の大学，高等学校，専門学校，師範学校などを母体として設置されることになる。新制大学では専門教育のみでなく，広く一般教養を重視した。教員養成に関しては，1949（昭和24）年に出された「教育職員免許法」によって，大学において基準を満たす単位を修得すれば，相応する教員資格を取得することができる「開放性」による教員養成制度が導入された。

　今にいたる教育制度・学校制度の原型はこの時期に作られ，時代や社会の変化や要請により小中一貫の義務教育学校や中高一貫の中等教育学校など新たな学校なども設けられていくが，大きな制度変更はなく続いている。

┌─ 学習課題

（１）日本の教育や教育制度を古代から現代まで確認し，それぞれの時代と現代の教育との相違点を挙げた上で，教育の役割について論じなさい。

（２）教育における現代的な課題を挙げ，その解決について学校教育の果たす役割について考え，これからの学校のあるべき姿について論じなさい。

参考文献

石川松太郎（1978）『藩校と寺子屋』教育社.

田中克佳編（1987）『教育史　古代から現代までの西洋と日本を概観』川島書店.

スーザン・B・ハンレー，指昭博訳（1990）『江戸時代の遺産　庶民の生活文化』中央公論.

森山茂樹・中江和恵（2002）『日本子ども史』平凡社.

文部省（1981）『学制百年史』帝国地方行政学会.

文部省（1981）『学制百年史　資料編』帝国地方行政学会.

文部省（1992）『学制百年史』ぎょうせい.

文部科学省（2016）「次世代の学校指導体制の在り方について（最終まとめ）」.
https://www.mext.go.jp/a_menu/shotou/hensei/003/__icsFiles/afieldfile/2016/07/29/1375107_2_1.pdf

（児玉祥一）

第7章

教育の内容を深めるために(3)

── 特別支援教育─学習支援から

> 2007年にそれまでの特殊教育から特別支援教育転換された。本章では，特別支援教育になぜかわったか，どのような要因があって変化せざるを得なかったのか，さらに，転換後にどのような経緯を経て現在に至っているか，を知る。インクルーシブ教育システムとは何かを知り，通常の学級の教師として，特別の教育ニーズのある児童生徒に対して，どのようなことを理解しておくべきかを解説する。

1 特殊教育から特別支援教育への転換

(1) 特別支援教育開始まで

特別支援教育について，文部科学省のホームページには以下のように書かれている。

> 「特別支援教育」とは，障害のある幼児児童生徒の自立や社会参加に向けた主体的な取組を支援するという視点に立ち，幼児児童生徒一人一人の教育的ニーズを把握し，その持てる力を高め，生活や学習上の困難を改善又は克服するため，適切な指導及び必要な支援を行うものです。
> 平成19年4月から，「特別支援教育」が学校教育法に位置づけられ，すべての学校において，障害のある幼児児童生徒の支援をさらに充実していくこととなりました。
> （文部科学省 HP　https://www.mext.go.jp/a_menu/shotou/tokubetu/main.htm）

特別支援教育は，2007（平成19）年度から始まったまだ歴史が浅い教育であることがわかる。それまでの特殊教育から特別支援教育への転換が図られたが，ここでは転換点までの流れを表7-1に示す。2000年前後から少しずつ動きが出てきている。

表 7 - 1　特別支援教育をめぐる主な流れ

年・月	
1999（平成11）年 7 月	文部省「学習障害児に対する指導について」報告書（①）
2001（平成13）年10月	「特別支援教育の在り方に関する調査研究協力者会議」を設置（文部科学省）
2002（平成14）年	「通常の学級に在籍する特別な教育的支援を必要とする児童生徒の全国実態調査」（②）
2003（平成15）年 3 月	「特別支援教育の在り方に関する調査研究協力者会議」最終報告書（③）
2004（平成16）年 2 月	中央教育審議会初等中等教育分科会の下に特別支援教育特別委員会を設置
2004（平成16）年 6 月	「障害者基本法」の改訂（④）
2005（平成17）年	「発達障害者支援法」発効
	「特別支援教育を推進するための制度の在り方について（答申）」（⑤）
2006（平成18）年	学校教育法一部改正
2007（平成19）年 3 月	文部科学省が「発達障害」の名称を使用（⑥）
2007（平成19）年 4 月	学校教育法施行（特別支援教育開始）
	特別支援教育の推進について（通知）（文部科学省初等中等教育局長）（⑦）

　表の中からいくつかの内容を紹介する。

① 1999（平成11）年 7 月　「学習障害児に対する指導について」報告書

　1992（平成 4 ）年に発足した「学習障害及びこれに類似する学習上の困難を有する児童生徒の指導方法に関する調査研究協力者会議」の報告書である。学習障害の定義や判断基準（試案），指導方法等についての提言をまとめている。

② 2002（平成14）年 2 ～ 3 月　「通常の学級に在籍する特別な教育的支援を必要とする児童生徒の全国実態調査」

　小中学校の通常学級に在籍する児童生徒を対象に，学習障害（LD），注意欠陥／多動性障害（ADHD），高機能自閉症等，特別な教育的支援を必要とする児童生徒の実態を明らかにし，今後の施策の在り方や教育の在り方の検討の基礎資料とすることを目的に調査が行われた。その結果，知的発達に遅れはないものの，学習面や行動面で著しい困難をもっている担任教師が回答した児童生

徒の割合が6.3％だった。

③ 2003（平成15）年３月　「特別支援教育の在り方に関する調査研究協力者会議」最終報告書

　2001（平成13）年10月に文部科学省が設置した「特別支援教育の在り方に関する調査研究協力者会議」の最終報告書である。同会議は「近年の障害のある児童生徒の教育をめぐる諸情勢の変化等を踏まえて，今後の特別支援教育の在り方について」検討を行ったものである。柔軟で弾力的な制度の再構築，教員の専門性の向上と関係者・機関の連携による質の高い教育のためのシステム作りを目指して主に次の提言がなされた。

　　1　障害のある幼児児童生徒一人一人について個別の教育支援計画を作成すること。

　　2　盲学校・聾学校・養護学校はもとより小学校・中学校に特別支援教育コーディネーター（仮称）を置くこと。

　　3　行政部局間の連携のための広域特別支援連携協議会（仮称）を都道府県に設置すること。

　　4　地域における障害のある子どもの教育のセンター的な役割を果たす学校としての盲学校・聾学校・養護学校を特別支援学校（仮称）に転換すること。

　　5　小学校・中学校における特殊学級や通級の指導の制度を，通常の学級に在籍した上で必要な時間のみ「特別支援教室（仮称）」の場で特別の指導を受けることを可能とする制度に一本化すること。

④ 2004（平成16）年６月　「障害者基本法」の改訂

　障害者の自立および社会参加の支援等のための施策に関しての基本理念や国，地方公共団体の責務と明らかにしている障害者基本法の第14条（教育）に次の表現が追加された。障がいのある子どもとの交流だけでなく，共同での学習と視点へと変わった。

> 第14条　国及び地方公共団体は，障害のある児童及び生徒と障害のない児童及び生徒
> との交流及び共同学習を積極的に進めることによって，その相互理解を促進しなけ
> ればならない。

⑤ 2005（平成17）年12月8日　「特別支援教育を推進するための制度の在り方
について（答申）」

　本答申の主な提言内容は以下のとおり。

　　1　障害のある児童生徒などの教育について，従来の「特殊教育」から，
　　一人一人のニーズに応じた適切な指導及び必要な支援を行う「特別支援
　　教育」に転換すること。

　　2　盲・聾・養護学校の制度を，複数の障害種別を教育の対象とすること
　　ができる学校制度である「特別支援学校」に転換し，盲・聾・養護学校
　　教諭免許状を「特別支援学校教諭免許状」に一本化するとともに，特別
　　支援学校の機能として地域の特別支援教育のセンターとしての機能を位
　　置づけること。

　　3　小・中学校に置いて，LD・ADHD を新たに通級による指導の対象と
　　し，また特別支援教室（仮想）の構想については，特殊学級が有する機
　　能の維持，教職員配置との関連などの諸課題に留意しつつ，その実現に
　　向け引き続き検討すること。

　この答申の提言等を踏まえ必要な制度の見直しについての検討を進められ，
学校教育法施行規則の一部改正（2006年4月施行），学校教育法等の一部改正
（2007年4月施行）へと続き，特別支援教育開始された。

⑥ 2007（平成19）年3月　文部科学省が「発達障害」の名称を使用

　文部科学省は，これまでの「LD，ADHD，高機能自閉症等」との表記につ
いて，国民のわかりやすさや，他省庁との連携のしやすさ等の理由から，発達
障害者支援法の定義による「発達障害」との表記に換えることを決めた。

⑦ 2007（平成19）年4月　特別支援教育の推進について（通知）

　従来の特殊教育から特別支援教育に転換されたことを文部科学省が都道府県教育委員会教育長や都道府県知事宛に通知したものである。特別支援教育は全ての学校園（幼稚園，小学校，中学校，高等学校，中等教育学校及び特別支援学校）において行うものであることを指摘し，考え方，留意事項等がまとめられている。

（2）特別支援教育への転換による変化

　先に示した経緯を経て，「特別支援教育」が開始され，特別支援学校や地域の学校が大きな転換を求められることになった。主なものをまとめると以下のようになる。

　　○全体として
　　　・「特別支援教育」が学校教育法に位置づけられ，すべての学校において，障害のある幼児児童生徒の支援をさらに充実していくこと
　　　・障がいのある幼児児童生徒一人一人について個別の教育支援計画を作成すること。
　　　・すべての学校に特別支援教育コーディネーターを置くこと。
　　○特別支援学校として
　　　・それまでの障がい種別ごとの学校（盲・聾・養護学校）から複数の障がい種別を教育対象とすることができる特別支援学校へ転換
　　　・地域における特別支援教育のセンター的機能
　　○地域の学校として
　　　・小・中学校において，LD・ADHD を新たに通級による指導の対象とした。

　では，特別支援教育に転換されて，特別支援学校在籍児数は減少したのであろうか？　実際は大幅な増加となっている。図7-1は，特別支援教育に転換された2007（平成19）年度の児童生徒数を100とした場合の学校種別ごとの在籍児数の変化である。特別支援学校だけが大幅に増加していることが明らかであ

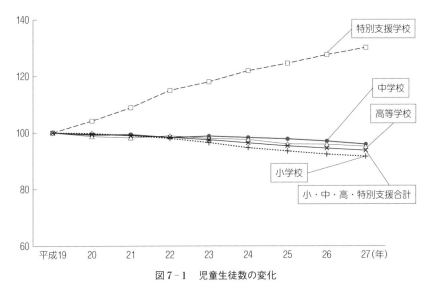

図 7 - 1　児童生徒数の変化

注：2007年度（平成19年度）の児童生徒数を100とした場合の推移。

出所：「教育関係職員の定員の状況について」（文部科学省初等中等教育局財務課，平成29年 5 月30
　　　日）http://www.soumu.go.jp/main_content/000497035.pdf より。

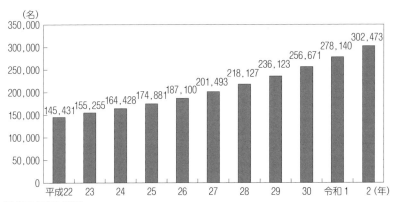

【令和 2 年度の状況】

	知的障害	肢体不自由	病弱・身体虚弱	弱視	難聴	言語障害	自閉症・情緒障害	計
学 級 数	29,162	3,150	2,518	537	1,294	707	29,287	66,655
在籍者数	138,232	4,685	4,312	643	1,965	1,495	151,141	302,473

図 7 - 2　特別支援学級在籍者数の推移

出所：「特別支援教育行政の現状及び令和 3 年度事業について」（文部科学省初等中等教育局特別支援
　　　教育課，令和 3 年 2 月）http://www.rehab.go.jp/application/files/5216/1550/6855/2_.pdf より。

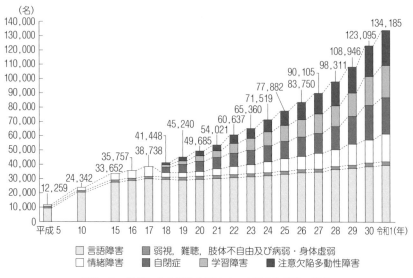

図7-3　通級による指導を受けている児童生徒数の推移

出所：「特別支援教育行政の現状及び令和3年度事業について」（文部科学省初等中等教育局特別支
　　　援教育課，令和3年2月）http://www.rehab.go.jp/application/files/5216/1550/6855/2_.pdf
　　　より。

る。

　小中学校に設置されている特別支援学級や通級による指導を受けている児童
生徒数も同様に増加している。

2　インクルーシブ教育システム

（1）特別支援教育開始後の流れ

　本節ではまず，2007（平成19）年の特別支援教育開始後の経過を概観する
（表7-2）。

① 2012（平成24）年7月　共生社会の形成に向けたインクルーシブ教育システ
ム構築のための特別支援教育の推進（報告）

　この報告書では「インクルーシブ教育システム」を「人間の多様性の尊重等

表7-2　特別支援教育開始後の経過

年・月	
2009（平成21）年	特別支援学級の対象に自閉症を明記
2011（平成23）年	障害者基本法改正
2012（平成24）年	中央教育審議会初等中等教育分科会報告「共生社会の形成に向けたインクルーシブ教育システム構築のための特別支援教育の推進」（①）
2012（平成24）年	「通常の学級に在籍する発達障害の可能性のある特別な教育的支援を必要とする児童生徒に関する調査」結果を発表（②）
2013（平成25）年	障害を理由とする差別の解消の推進に関する法律（障害者差別解消法）制定
2014（平成26）年	障害者の権利に関する条約批准
2016（平成28）年4月	障害を理由とする差別の解消の推進に関する法律（障害者差別解消法）施行
2018（平成30）年	高等学校における通級による指導が開始

を強化し，障害者が精神的及び身体的な能力等を可能な最大限度まで発達させ，自由な社会に効果的に参加することを可能にするという目的のもと，障害のある者と障害のない者が共に学ぶ仕組み」としている。その実現には以下を必要としている。

　　1　障がいのあるものが一般的な教育制度から排除されない
　　2　自己の生活する地域において初等中等教育の機会が与えられる
　　3　個人に必要な「合理的配慮」の提供

② 2012（平成24）年　「通常の学級に在籍する発達障害の可能性のある特別な教育的支援を必要とする児童生徒に関する調査」結果を発表

　特別支援教育が本格的に開始されてから5年が経過したこの時期に実施された。通常の学級に在籍する知的発達に遅れはないものの発達障害の可能性のある特別な教育的支援を必要とする児童生徒の実態を明らかにし，今後の施策の在り方や教育の在り方の検討の基礎資料とすることが目的。その結果，知的発達に遅れはないものの，学習面や行動面で著しい困難をもっていると担任教師が回答した児童生徒の割合は，6.5%だった。

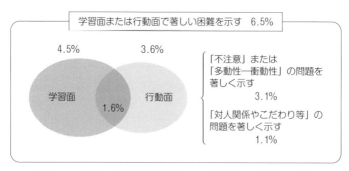

図7-4 学習面または行動面で著しい困難を示す子どもの割合

③ 2014（平成24）年1月 障害者の権利に関する条約を批准

　障害者の権利に関する条約は2006年12月の第61回国連総会において採択され2008年5月に発効したが，日本が批准するにはしばらく時間が必要だった。2007年9月に署名され，国内法の整備や国会の承認を経て，2014年に批准している。同条約は，障がいに基づくあらゆる形態の差別の禁止を求めており，国内においても2011年の障害者基本法の改正においてその基本原則が含められた。また2013年6月に成立（2016年4月施行）の「障害を理由とする差別の解消の推進に関する法律（障害者差別解消法）」によって具体化された。

（2）インクルーシブ教育

　特別支援教育開始後の大きなできごとの一つに「インクルーシブ教育システムの構築」が打ち出されたことがある。上記に示した2012年の「共生社会の形成に向けたインクルーシブ教育システム構築のための特別支援教育の推進（報告）」には留意すべきポイントがいくつかある。

○特別支援学校をなくして，すべての子どもが地域の学校で学ぶことではないこと。

　→同じ教育の場で学ぶことを重視しているが，その子どもの教育的ニーズに最も的確に答える指導が提供できる場として特別支援学校や特別支援学級，通級による指導も認めていることに留意が必要である。文部科学省は「連続性のある多様な学びの場」を用意しておくことが必要としている。

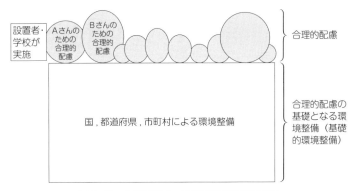

図7-5　合理的配慮，基礎的環境整備の関係

出所：文部科学省「共生社会の形成に向けたインクルーシブ教育システム構築の
ための特別支援教育の推進（報告）」参考資料21「合理的配慮と基礎的環境
整備の関係」。
http://www.mext.go.jp/b_menu/shingi/chukyo/chukyo3/044/attach/
1321670.htm

○「合理的配慮」は，必要する個人に対して提供されるものであること。

　→「合理的配慮」のポイントとして3つある。

　　(1)障がいのある子どもが，他の子どもと平等に教育を受ける権利を享有・
　　　行使することを確保するために，学校の設置者や学校が必要かつ適当な
　　　変更・調整を行うこと

　　(2)障がいのある子どもに対し，その状況に応じて，学校教育を受ける場合
　　　に個別に必要とされるもの

　　(3)学校の設置者及び学校に対して，体制面，財政面において，均衡を失し
　　　た又は過度の負担を課さないもの

　「合理的配慮」とともに，「基礎的環境整備」についても理解しておきたい。
「基礎的環境整備」とは，障がいのある子どもに対する支援について，法令に
基づき又は財政措置等によって，国や都道府県，市町村がそれぞれ行う教育環
境の整備のことをいう。「合理的配慮」は，「基礎的環境整備」を基に個別に決
定されるものであることから，各学校においての「基礎的環境整備」の状況に
より，提供される「合理的配慮」も異なることになる。

（参考　「インクルーシブ教育システム構築支援データベース」http://inclusive.nise.go.jp/index.php?page_id=40）

3　学級担任として

　小中高等学校の教員として，インクルーシブ教育システムの中で，以下の内容については理解しておくべきだろう。

　　・学校内で誰に相談すればいいか

　　・該当児の相談・支援・連携機関や，現在に至るまでの状況

　これらを理解するには，合理的配慮，校内委員会，特別支援教育コーディネーターなどの基本的な知識は知っておくべきである。

　障がいなどがあることから特別の教育的なニーズがある子どもは特別支援学校や特別支援学級だけでなく，通常の学級にも多くいる。また，障がいのある子どもだけでなく，日本語の指導が必要な外国籍の子どもや，いわゆる「貧困」家庭の子ども，さらには虐待や愛着障がいを抱えた子どもなども含めた支援が必要な子どもの割合は急増している。これら支援が必要な子どもの教育はこれまでの教員個人の経験の積み重ねだけでは対処できず，また，関連する学校外の専門機関も多いことから，その対応についての関係者の意思統一が欠かせない。そのため，学校では校内委員会を設けている。これまでの支援の内容や保護者からの情報を学級担任や教科担当に伝えたり，具体的な支援の方法を検討する場です。教職員の共通理解を図るための方策や学校全体の支援体制作りなどについての話し合いも行われいる。さらに，関係機関との連携による支援についての検討なども行う。校長，教頭，教務主任，生徒指導主事，学級担任，学年主任，養護教諭，特別支援教育コーディーネーターの他，学校外の専門家が加わることもある。

　さらに，生徒の抱えるさまざまな課題について，「どう理解していくか」「より有効な支援は何か」など，個別に検討する場として，必要に応じて「ケース会議」が設けられることもある。支援や指導方針の確認や経過報告，個別の教育支援計画や個別の指導計画についての評価，新たな課題への意見調整や専門

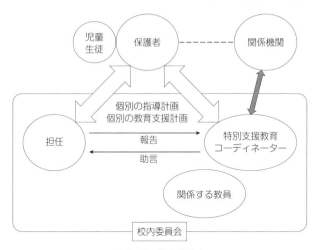

図 7 - 6　校内委員会
出所：秋田県総合教育センター（2016：24）をもとに筆者が作成。
http://www.akita-c.ed.jp/~ctok/contents/casebook2016.pdf

家からのアドバイスを受ける機会を設けている。生徒の状況の把握や指導上の
留意事項や合理的配慮，他機関との連携状況なども話題となるなど，その内容
は多岐にわたっている。一人一人，その背景やニーズが異なることから，それ
らの理解を深めることが不可欠となる。

学習課題

（1）障がい以外に，どのような子どもが「特別な教育的ニーズ」や支援・配慮が
　　必要と思われるか，具体的に考えてみましょう。
（2）合理的配慮について保護者との合意形成を行う話し合いの場面です。障がい
　　の状況を仮定して，保護者・本人の要望を出すとともに，教師としてどのよ
　　うな対応をするか役割を設けて演じてみましょう。

引用・参考文献
秋田県総合教育センター（2016）「特別支援教育のための校内支援体制ケースブック
　　──校内組織を活用したチームアプローチ」.
大塚玲（2015）『教員をめざすための特別支援教育入門』萌文書林.

国立特別支援教育総合研究所「インクルーシブ教育システム構築支援データベース」
　　http://inclusive.nise.go.jp/index.php?page_id=40)
中瀬浩一・井上智義（2018）『特別の教育的ニーズがある子どもの理解』樹村房.
文部科学省（1989）「学習障害児に対する指導について（報告）」.
　　http://www.mext.go.jp/a_menu/shotou/tokubetu/material/002.htm
文部科学省（2002）「『通常の学級に在籍する特別な教育的支援を必要とする児童生徒
　　に関する全国実態調査』調査結果」.
　　https://www.mext.go.jp/b_menu/shingi/chousa/shotou/054/shiryo/attach/
　　1361231.htm
文部科学省（2003）「特別支援教育の在り方に関する調査研究協力者会議」最終報告
　　書.
　　http://www.mext.go.jp/b_menu/shingi/chousa/shotou/054/shiryo/attach/
　　1361204.htm
文部科学省（2005）「特別支援教育を推進するための制度の在り方について（答申）」.
　　https://www.mext.go.jp/b_menu/shingi/chukyo/chukyo0/toushin/05120801.
　　htm
文部科学省（2007）「『発達障害』の用語の使用について」.
　　https://www.mext.go.jp/a_menu/shotou/tokubetu/main/002.htm
文部科学省（2007）「特別支援教育の推進について（通知）」
　　https://www.mext.go.jp/b_menu/hakusho/nc/07050101/001.pdf
文部科学省（2017）「教育関係職員の定員の状況について」.
　　http://www.soumu.go.jp/main_content/000497035.pdf
文部科学省（2012）共生社会の形成に向けたインクルーシブ教育システム構築のため
　　の特別支援教育の推進（報告）.
　　http://www.mext.go.jp/b_menu/shingi/chukyo/chukyo3/044/houkoku/
　　1321667.htm
文部科学省（2012）「通常の学級に在籍する発達障害の可能性のある特別な教育的支
　　援を必要とする児童生徒に関する調査結果について」.
　　https://www.mext.go.jp/a_menu/shotou/tokubetu/material/1328729.htm
文部科学省（2019）「通級による指導の現状」.
　　https://www.mext.go.jp/component/a_menu/education/micro_detail/__ics
　　Files/afieldfile/2019/03/06/1414032_09.pdf

（中瀬浩一）

第 8 章

教育の内容を深めるために(4)

──職業・キャリア教育の視点から

　現在の日本の学校制度は，1947年の教育基本法，学校教育法の制定に始まる。義務教育が 3 年延長され，新制中学校が発足した。その上に高校，大学と今日に続く単線型の学校制度が生まれた。新規学卒就職者（以下本章では新卒就職者と略す）は，発足時においては中学校卒業者（以下本章では中卒者と略す）が最大であったが，その後の進学率の上昇により，高校卒業者（以下本章では高卒者と略す）に移行した。さらに2019年には，同世代の若者の就職で大学等の卒業者（短大，専門学校も含む，以下本章では大卒者等と略す）が70％以上を占めるようになった。本章では発足時から2020年に至るまでの，約70年の学校教育の変化を職業・キャリア教育の視点から概括し，今後の教育の方向を探ろうとするものである。目的とする内容は以下の通りである。

　　1) 産業構造の変化が，学校教育に与えた影響についてⅤ期に分けて概括する。
　　2) 学校教育で，職業・キャリア教育が重視されるに至った経過を解説する。
　　3) 今後の学校教育で，職業・キャリア教育が果たす役割を考察する。

1　産業・職業構造の変化と学校教育

　1947（昭和22）年 4 月の学制改革から2020（令和 2 ）年 3 月で73年になる。この間の日本社会の産業構造と学校教育の変化を，新卒就職者を中心にしてⅤ期に分類したのが表 8 - 1 である。産業・職業構造と世代分類は社会学者の見田宗助他による分類を活用した。以下に第Ⅰ期から第Ⅴ期までの特徴について略記する。

項　目	Ⅰ期（1945-60）	Ⅱ期（1961-75）	Ⅲ期（1976-89）
生年年齢	1929-1940年生 91-80歳	1941-1953年生 79〜67歳	1954-1968年生 66〜52歳
世代	第一戦後世代	団塊世代	新人類世代
18歳年次	1938（S13）年生 1956（S31）年	1948（S23）年生 1966（S41）年	1964（S39）年生 1982（s57）年
時代	戦後の混乱期	高度成長期	安定成長期
大卒初任給	エリート 12,907円/1955	エリート⇒マス 30,500円/1961	マス 127,000円/1982
職業・キャリア教育	1947年職業安定法施行，1958年中学の教科「職業指導」がガイダンス「進路指導」になる。	1972年中学，高校の職業指導主事が進路指導主事と改称される。	1989年学習指導要領の「進路指導」が「在り方，生き方」の教育となる。
新卒就職者	中卒中心	中卒から高卒中心	高卒中心，中卒就職者激減
高校進学率	1950年⇒22.5%＊ 高校数⇒4292校	1974年⇒90.8% 高校数⇒4916校	1990年⇒94.4% 高校数⇒5506校
大学進学率	1955年⇒7.9% 大学数⇒228校	1974年⇒25.1% 大学数⇒410校	1990年⇒24.6% 大学数⇒507校
産業構造の変化	第一次産業中心 農林漁業・繊維・軽工業が中心である。農村部は農業労働者，都市部は工場労働者が主である。	第二次産業中心 製造業（重厚長大型から組立加工型）が中心。農村から都市へ若者の異動，集団就職全盛期，工場労働者の増加	第二次から第三次産業への移行期，製造業のIT化が進展，組立加工型から軽薄短小型へ移行，ロボット等の導入，技能労働者が減少
雇用と賃金の形態	終身雇用，年功序列型賃金が主である。	終身雇用，年功序列型賃金が主である。	柔軟型雇用が導入（総合職，職能職，柔軟雇用職）年功型から職務・職能型賃金へ移行
新卒時の就職状況	中卒⇒一般職 高卒⇒中間管理職 大卒⇒総合職	高卒就職者の二極化，大卒就職者の二極化が始まる。新規中卒就職者が減少する	高卒就職者の二極化，大卒就職者の二極化が一層進む。新規高卒就職者が減少する。
円相場	360円 1950〜1970年まで	314円 1976年	143円 1989年

注：年齢は2020年4月段階である。＊戦後期は旧制中学との移行期で定時制4年への編入者が多か
出所：世代分類等は社会学者見田宗介他による。その他は伊藤が執筆の千代田短期大学研究紀要48号

Ⅳ期（1990-05）	Ⅴ期（2006-20）
1969-1983年生 51〜37歳	1984-1998年生 36歳〜22歳
団塊ジュニア	新人類ジュニア
1982（S57）年生 2000（H12）年	1995（H7）年生 2013（H25）年
ロスジェネ期	格差社会期
マス⇒ユニバーサル 196,900円 /2000	ユニバーサル 201,800円 /2012
2004年，文科省が「キャリア教育の実践，推進」を提言する。（一般にキャリア元年と呼称）	2006年，文科省が「学校でのキャリア教育推進の手引き」を発刊する。
高卒から大卒中心	大卒中心，高卒就職者激減
2000年⇒96.0% 高校数⇒5478校	2017年⇒98.8% 高校数⇒4907校
2000年⇒45.0% 大学数⇒649校	2017年⇒54.7% 大学数⇒780校
第三次産業中心 IT化が製造業から，非製造業に拡大，非製造業のIT化，省力化が進む。単純事務労働者が減少する。	第三次から第四次産業への移行期，AI化の進展，卸・小売以外の第三次産業従事者が増加，労働人口に占めるサービス労働従事者が増加する。
雇用の三極化（総合職，職能職，柔軟雇用職）が進む。職務・職能型賃金が中心，成果主義賃金が導入	雇用の二極化？ 終身雇用と柔軟雇用の二極化が進む。 職務・職能型賃金で成果主義が広がる。
大卒就職者の二極化から三極化への移行が始まる。短期雇用労働者が増加する。	大卒就職者の三極化が進行する。高卒就職者が減少する。 非正規雇用労働者の増加が進む。
107円 2000年	110円 2018年

った。この数字は全日制高校進学者のみである。
の内容に追加した。データ類は各省庁統計より抽出した。

（1）第Ⅰ期　戦後の混乱から復興まで

　戦後の日本社会の混乱期から，国民がなんとか日々の生活ができる状態になる1945～1960年頃である。当時は，農林漁業等の第一次産業従事者が労働人口の最大を占めていた。新卒就職者は中卒者が主であった。高校進学者は1954年に50％を超したが，定時制課程の設置高校（以下定時制高校と略す）へ通学する勤労生徒が約15％を占めている。高校入学時の成績では，全日制普通科の設置高校（以下普通高校と略す），全日制職業科の設置高校（1955年度より文科省は専門高校の「職業を主にする学科」と呼称変更したが，本章では以下，職業高校と略す），定時制高校間の「学力差」は小さかった。

　戦後の混乱期であり，上級学校に進学できる条件を満たせる家庭は少なかった。主に経済的条件で進学する課程や学科が決まった。就職した中卒者は農山村部では農林業労働者，都市部では製造業の技能労働者として働いた。一般の事業所では，高卒者は企業の中間管理職，大卒者は基幹職の要員として採用された。主として就職時の学歴で，その後の事業所内での職階が決定する「学歴社会」であった。

（2）第Ⅱ期　高度成長の時代

　この時期は，一般に高度成長期と称される1961～1975年頃である。日本社会は，経済成長を目指して第二次産業の方向に舵を切り，鉄鋼，造船などの重厚長大型産業から自動車，家電製品等の組立加工型産業へと移行した時期である。「いざなぎ景気」と言われた高度成長による国民所得の増加は，福祉や教育に向けられる。上昇する高校への進学希望者に対応するため，職業高校の中でも工業科設置校が増設された。しかし，生徒の進路希望先は徐々に高校から大学へと変化する。そのため，進学に適応したカリキュラムが組まれた普通高校への進学希望者が増えてくる。高校進学率が90％を超す1974年頃から入学時の成績による高校間の格差が拡大する。1960年に近いほど第Ⅰ期に，1975年に近付くほど第Ⅲ期に接近する。新卒就職者は中卒者から高卒者へと移行する。地方から都市へ多くの若者が集団就職などで移動した時期である。

（3）第Ⅲ期　安定成長とバブルの時代

　1976〜1990年頃から第二次産業が，家電製品や自動車などの組立加工型から情報関連機器を中心にした知識集約型産業へと舵を切る。良好な経済状況はバブルを生んだ。大学への進学希望者は第Ⅱ期よりも増加する。職業高校は縮小され普通高校が増設される。大学も増え続ける進学希望者に対応できなくなる。1975年に，第三の進路として専修学校専門課程（専門学校）が設置される。

　高校は大学進学者の多い普通高校，伝統のある職業高校，進路先が多様な普通高校のように偏差値による序列化が一層進む。「教育困難校」の言葉が生まれる。新卒就職者の中で中卒者の就職率は10％を割り，高卒者が中心となる。この時期の前半期は，製造業にロボット等の情報機器が導入され，単能工である技能労働者が減少する。後半期は非製造業の情報化が進み単純事務の労働者が減少する。

（4）第Ⅳ期　「失われた10年」の時代

　バブル経済が崩壊し，銀行や大手事業所の倒産や廃業が増え，リストラという言葉が流行語になる。「失われた10年」と言われた1990〜2005年頃である。新卒就職者への求人は激減する。非正規雇用者として採用される大卒者も増加する。高卒者への求人は激減する。そのため，高卒での就職をあきらめ大学等へ進路を先送りする生徒が増える。大学進学率が1990年より20％も増加する。特定の大学を頂点に「偏差値」による大学の序列化が進む。

　新卒就職者は大卒者等が中心となる。この時期から，学校から社会への適応が困難な若者の問題が目立ってくる。新卒就職者の3年以内の離職率が，中卒者で70％，高卒者で50％，大卒者で30％となり「七五三」と呼称されるようになる。学校在籍期間の延長と，進学に焦点化した進路指導が，職業生活に適応できない状況を生む要因でもあるとして，義務教育，後期中等教育，高等教育と連続した「職業・キャリア教育」推進の必要性が中教審から答申される。

（5）第Ⅴ期　格差の拡大と固定期

　この時期は2006年から2020年に続く頃である。規制緩和による雇用の自由化

表8-2　大学入学者数の予測数

年　度	1992	2016	2018	2020	2024	2028	2030
18歳人口（万人）	205	119	118	118	106	103	101
大学進学者数（万人）	54.1	63.4	65.7	70.8	72.1	62.8	62.1
大学進学率	26.4%	53.3%	55.7%	60.0%	60.5%	61.0%	61.5%

注：2020年以降の進学率は2020年を基準として毎年約0.5%進学率が上昇したと仮定した場合の推定値，短大，専門学校，高専は含まず。
出所：18歳人口（万人）は学校基本調査による。

が進み，それまで禁止されていた製造業などの派遣労働が可能となる。新卒就職者が正規雇用者と非正規雇用者に分かれる。就職時の雇用条件による「格差」が拡大し固定化する。

　大学数は新制高校発足時である1947年の228校から，2017年には780校と約3.4倍になる。大学のユニバーサル化の進行は大学進学率を54.8%に押し上げる。高卒者の70%以上が，大学等に進学する時代になる。

　一方で表8-2に示すように18歳人口は，1992年のピーク時には約205万人であったのが，2018年では約118万人になる。「学校基本調査」から推測すれば2030年には約101万人になる。「学力」による選抜機能が低下した大学等が増加し，学生の確保が第一という学校が増えてくる。大学生の「学力低下」がマスコミ等のテーマになる。学生の進路，特に就職先が多様化する。かつては中卒者や高卒者が主であった職場に大卒者等が参入してくる。

　卒業者の進路先が明確な大学等を除き，学生の進路が三極化する。株式上場の大手事業所や総合職の公務員に就職する学生が多数を占める学校，株式上場の中堅事業所や一般職の公務員に就職する学生が多数を占める学校，その他の職場に就職する学生が多数を占める学校である。

　以上，約70年間の産業及び職業構造の変化と学校との関係を略記した。次節では，第Ⅴ期を中心に職業・キャリア教育の視点から，高校以下の学校及び大学等との関わりについて考察する。

2　職業・キャリア教育と学校教育

　産業構造の変化と高校以下の学校と大学等の関係について，進学率を中心にして略記してきたが，これをさらに整理すると3段階に分類できる。

　第1段階：新卒就職者の過半数を中卒者が占めていた時代

　第2段階：新卒就職者の過半数を高卒者が占めていた時代

　第3段階：新卒就職者の過半数を大卒者等が占めるようになった時代

　この段階からみれば中学校における教育指導上の問題が，高校で表面化したのは高校進学率が90％を超した第Ⅱ期の後半から，第Ⅲ期の前半にかけてとなる。この時期から以下の問題がクローズアップされる。

　　1）中学校での教科の知識・理解（以下本章では「学力」と略す）が未修得で，高校での学習に適応できない生徒が増加する。

　　2）学級崩壊，授業妨害，授業中の私語等，学校生活に適応できない生徒が増加する。

　この問題は，義務教育段階の履修主義の矛盾が表面化したとして捉えられる。本来，学校には教科の各段階において修得しなければならない基準がある。これをチェックし，基準に達していない生徒は再履修させるのが修得主義である。欧州諸国では義務教育でもこの制度を踏襲している。各学年に定められた指導内容の基準を満たさない者は，上級学年に進級できない。

　ドイツのギムナジウムではアビトゥア，フランスにはバカロレアという共通の試験があり，大学教育を受けるに必要なチェック機能を果たしている。

　ドイツ教育の研究者である佐々木英一の調査によれば，2000～2004年の中退率は計算方法が日本と少し異なるが，総合大学で30％以上，専門大学で27％，医科大学が5％である。入学できても学習についていけない学生は排除される。大学の中退率は平均20％であるが日本は10％台である。

　フランスやドイツの学校では義務教育の段階から進路を複線化し，早期に社会にでるコースもある。移民が増加する欧州諸国では，移住した国の言語に習熟していない，あるいは教科の学習に適応できない児童・生徒を社会としてど

表8-3　学科別に見た高校卒業に必要な修得単位数

学　科	74単位（%）	75〜84単位（%）	85〜94単位（%）	95単位以上（%）
普通科	20.3	28.1	32.9	14.9
専門学科	24.1	30.9	42.3	6.5
総合学科	55.9	31.6	10.8	1.7

出所：2013年度「各公立高校における教育課程の設定状況（卒業に必要な単位数）」文科省，
　　　による。

のように受け入れるのか問題が残る。

　一方で日本の場合，義務教育は履修主義である。義務教育段階での「学力」
が学習指導要領に定められた最低水準に達していなくても，履修していれば進
級し卒業できる。高等学校は修得主義になっているが，修得する基準は学校に
より異なる。文科省調査では2010（平22）年度の中退率は，定時制高校が11.3
％と最も高いが，これは「学力」以外の要素も含まれる。職業高校の中退率は
1.7％，普通科は1.1％である。問題は生徒数のもっとも多い普通高校である。
ほとんどの授業は教室における学習である。高校になると抽象的思考を要求さ
れる教科も多くなる。学習指導要領は何回かの改訂で最低卒業単位は減少した
が，学校の自由裁量の幅が増え，74単位で卒業できる学校もあれば，100単位
以上を修得しないと卒業できない学校もある。

　表8-3に公立高校卒業に必要な最低単位について文科省調査による分布を
示す。2013（平成25）年度で，学習指導要領に定められた最低修得単位の74単
位で卒業できる高校が普通科で約20％強，95単位以上を修得しないと卒業でき
ない学校が約15％ある。総合学科では半数以上が最低基準の74単位で卒業でき
る。95単位以上が卒業に必要な高校と74単位の高校を比較すれば，95単位の学
校は，74単位の学校の約1.3倍の授業をしていることになる。

　これだけ授業時間に差があれば，高校入学時の生徒の「学力」が同じと仮定
しても，卒業時点での「学力」の差は開くだろう。加えて生徒の個人差がある
から，大学に入学する学生の「学力」の差は，さらに拡大するだろう。

　長期の視点で見れば学習指導要領は，生徒の知識・理解を重視した系統主義
と，問題意識や興味・関心を重視した経験主義が数年単位で繰り返されている。

系統主義が強まれば，学習指導要領に定められた「学力」を修得できない生徒が増える。そこで「ゆとり教育」が叫ばれ授業時間が減少される。今度は定められた基準が低くなり「学力」低下が問題となる。この点は根本的には履修主義の問題を克服しない限り解決しない。

　「学力」の問題は，新卒就職者の多数が中卒生であった時代には，中学校で履修した内容を修得していなくても問題は社会に持ち込まれた。生徒は現実の社会の中で苦労しなければならなかった。問題が高校に持ち込まれることはなかった。仮に中学卒業生のうち20％が未修得者としても，それに該当する生徒は高校へ進学しなかっただろう。つまり，高校には「学力」が一定水準以上の選抜された生徒しか入学できなかった。履修主義による矛盾は高校に影響を与えることは少なかった。

　ところが，高校進学率が90％に近付くにつれ，当然のことながら中学段階の「学力」が未修得の生徒が高校に入学してくる。それが第二段階である。

　さらに，第三段階にあるのが今日の大学を取り巻く状況である。大学等の進学率が70％を超すようになれば，日本の高校は修得主義であると言っても，学習指導要領に定められた最低基準を満たしているかどうかは，各学校に任されている。大学入学に関して高校段階の「学力」を修得しているかどうかの全国的なチェック機能のある欧州諸国との違いがここにある。

　大学生の「学力」について，2013年のベネッセ調査によれば，「中学校までで身に付ける教科の知識・理解が不足している学生が半数以上」と回答した大学教員は国公立大学602名のうち5.8％，私立大学1,410名のうち23.3％になる。「高校までで身に付ける教科の知識・理解が不足している学生が半数以上」になると，国公立大学で11.6％，私立大学で41.3％になる。細かい大学の内訳はないが，入学試験による選抜機能の低い大学になるほど，中学や高校の段階で修得する教科の知識・理解が不足している学生が多くなるとみてよいだろう。

　センター試験というフィルターにより，ある程度チェック機能の働く大学や定員の何倍もの志願者がある大学に比して，入学試験というチェック機能があっても，学生定員の確保が優先される大学では，中学段階あるいは高校段階での「学力」が未修得の学生も入学させざるを得ない。問題はこれらの学生に対

表 8 - 4　大学生の中退理由

理　由	国立大学	私立大学	計
学力不振	1,269人 (12.1%)	9,521人 (14.6%)	10,790人 (14.3%)
就職	2,150人 (20.5%)	8,058人 (12.4%)	10,208人 (13.5%)
転学	1,219人 (11.6%)	10,137人 (15.6%)	11,356人 (15.0%)
経済的理由	1,214人 (11.6%)	14,700人 (22.6%)	15,914人 (21.1%)
その他	4,615人 (44.1%)	22,650人 (34.8%)	27,265人 (36.1%)
合計	10,467人 (100%)	65,066人 (100%)	75,533人 (100%)

注：回答校は調査1,911校（公立大学，高専も含む）のうち回答数1,161校回収率（97.6
　％），全学生約299万1,573名中2.65％の7万9,311名が退学している。この表は公立
　大学と高専は学生数が少ないので除いてある。
出所：2006年文科省調査による。

して大学の授業はどう進めるか問題が生じる。

　そこで，大学に入学した段階でリメディアル（Remedial）授業というのが行われている。Remedial とは，「矯正する。治療する。遅れを取り戻す」という意味である。元はアメリカで英語の力が不足している移民学生を助ける目的で始められたようである。日本では補習授業と称しているが，補習というのは，現段階の不足した「学力」を補うものである。より高度の学習を保障するのも補習授業である。高校時代の「学力」が未修得の学生に対しては補習「Supplementary」ではなく「Remedial」遅れを取り戻す教育である。

　2006年段階の文科省調査では，大学院大学である21大学を除いた調査で，英語などの授業で学力別クラス編成をしている大学が国立25校，公立8校，私立225校である。合計で258校であるから全大学の30％程度になる。

　表 8 - 4 は，文科省調査による大学生の中退理由である。上位4点を抽出した。学力不振による中退率は，国立の場合は12.1％，私立で14.6％である。中学校での「学力」未修得者は，高校で学習不適応者となり，高校での「学力」未修得者は大学での学習不適応者になる。その学生は中退者となる。さらに，

卒業生の進路も含めた大学間の格差になる。

3　職業・キャリア教育と高大接続

　日本でキャリア教育という用語が公的文書に初めて記されたのは，1999年の中教審の答申「初等中等教育と高等教育の接続について」である。この中で，キャリア教育の推進が提唱された。これは，新卒就職者の中心が高卒者から大卒者等に移行する時期と重なる。職業・キャリア教育が，なぜ必要なのかについては多様な論があるが，主たる理由を2件記しておきたい。

　一点は若者の教育期間の延長である。日本社会の経済成長は上級学校への進学率を高めた。その結果，中学校や高校の進路指導は進学指導に力点が置かれるようになった。生徒も中学や高校時代には，上級学校への進学にのみ視点が向き職業問題を考える機会が少ない。生徒は大学等に進学し，卒業を目前にして就職問題に直面する。そこで自己理解や職業理解の不十分なままに進路を決定せざるを得ない。就職しても離職，あるいは進路決定を先延ばしして，無職で留まる等の問題が生じている。この問題を克服するには，職業・キャリア教育が必要であるという視点である。

　もう一点は，多くの普通高校のカリキュラムに職業教育に関わる教科，科目がまったく設置されていない点である。職業科目の設置をしている学校もあるが，「ものづくりに関わる科目」は皆無と言ってよい。身体能力と認知能力は深く関わっていることを重視する必要がある。この問題の解決には施設，設備の拡充，指導教員の育成などがあるが，職業・キャリア教育の充実を図るためには避けて通れない課題である。この問題については海外の学校に学ぶべきところは多い

　2004年文科省は「キャリア教育の推進に関する総合的調査協力者会議報告書」を発表し，キャリア教育の実践を提言した。この年を一般に「キャリア元年」と称している。その後2006年に文科省は「小学校，中学校，高等学校キャリア教育推進の手引き———一人一人の職業観，勤労観を育てるために」を発刊している。

表 8-5　キャリア教育と職業教育

キャリア教育	一人一人の社会的・職業的自立に向け，必要な基盤となる能力や態度を育成する。普通教育，専門教育を問わず様々な教育活動の中で実施される。<u>職業教育も含まれる。</u>
職業教育	一定又は特定の職業に従事するため，必要な知識，技能，能力や態度を育成する。この教育は，具体の職業に関する教育を通して行われる。<u>この教育は社会的・職業的自立に向けて，必要な基盤となる能力や態度を育成する上でも，極めて有効である。</u>

出所：2011年1月中教審答申「今後の学校における職業・キャリア教育の在り方について」より抜粋した。下線は筆者による。

　2011年1月の中教審答申「今後の学校におけるキャリア教育・職業教育の在り方について」では，それまでのキャリア教育と職業教育の関係を整理している。そこではキャリア教育を「一人一人の社会的・職業的基盤となる能力や態度を育てることを通して，キャリア発達を促す教育である」と定義した。そしてキャリア教育と職業教育の違いを表8-5のようにまとめている。

　この定義からすれば，キャリア教育は職業教育も包括した幅広い概念であると捉えられる。小・中・高等学校の場合は学習指導要領があり，キャリア教育は多様な教育活動の中で行われるとされている。小・中学校は2017年度，高校は2018年度告示の改訂学習指導要領においては「特別活動」を要として，「教科」も含めた全体的な教育活動の中で，取り上げるよう示されている。

　高校の場合，職業高校では教科の中に実習のように，職業的基盤となる知識や技能が含まれているので，キャリア教育の導入に抵抗がない。これは，社会的・職業的自立に向けての基盤となる能力が形成されやすい環境にあるとみてよい。しかし，普通高校においてキャリア教育の実践が浸透しにくい点は，「教科外の領域としてのキャリア教育」は取り組めても，「教科の領域としてのキャリア教育」に踏み込みにくい点にある。

　今日，多数の大卒者等の進路は就職である。中学，高校，大学と各段階で抱えた教育課題は，最終段階で企業に持ち込まれる。問題は就職先での「職務内容」が，大学での学習と円滑に接続するかである。キャリア教育は叫ばれているが，職業教育までは踏み込めていない。職業教育を分類すると表8-6のようになる。

表 8 - 6　職業教育の分類

	区　分	内　容
職業教育	広義の職業教育	一定の職業群に対応して行われる教育である。 OECD では職業準備教育と定義している。 職業教育には訓練も含む
	狭義の職業教育	特定の職業に対応して行われる教育である。 OECD では職業教育と定義している。 職業教育には訓練も含む

　大学教育を職業教育という視点から見れば,「広義の職業教育」と「狭義の職業教育」に分化できる。医学部, 工学部などは「広義及び狭義の職業教育」を行っていると捉えられるが, 多くの学部の教育は,「広義の職業教育」にも含まれない内容が多すぎるのではないか。大学での学習と卒業後の職業の結びつきの強い学部を除くと, 大学での学習と卒業生の進路との関わりも多様化している。同世代の若者の過半数が大学に進学する時代に, 高校段階の「学力」水準を満たした学生のみを対象とし, 抽象思考に力点を置いたカリキュラムでは, 学習不適応の学生が増加するばかりである。現在の日本社会の状況が続くとすれば, 新入学生は高校の「学力」を修得し, 抽象思考に耐えうる学生から, 高校段階の学習内容が未修得で, 抽象思考の学習に耐えられない学生まで多様化する。この大学教育の抱える矛盾を克服する道は大別して 2 点ある。

　1) 選抜機能を強化する道

　　大学教育を受けるには, 学習指導要領に定められた最低の「学力」を修得しているかのチェック機能を厳密にして全国的に統一する。その上で各大学の選抜試験を行い, 学習に耐えられない学生を排除する。

　2) カリキュラムを多様化する道

　　高校以下の「学力」の未修得者も含め, 多様な学生が大学に入学してくることを前提に大学のカリキュラムの改変を促進する。既存の大学が占めているような「カリキュラム」の大学から, 企業と連携して実技・実習の多い「狭義の職業教育」を取入れたカリキュラムの大学も可能にする。

　筆者は, 今後の大学は 2) のカリキュラムを多様化する道を取らざるを得な

いだろうと見ている。多様な職業教育を行っているアメリカのコミュニティ
スクールと似た大学も増えるだろう。

　1）の選抜機能を強化する方法は，古典的な大学の姿である。この方法をと
ることは，私立大学が大半を占める日本社会の現状では困難だろう。

　2）の方法は，職業教育の視点からみれば，「広義の職業教育」を教授する
カリキュラムの大学から，「狭義の職業教育」を教授する大学まで，学生の大
学選択の幅を拡大する方法である。

　すでに，その一部が専門職大学として2019（平31）年度より出発しているが，
専門職大学と区別せず大学の多様化の一種とした方がよいのではないか。

　大学のカリキュラムにより，教員も含めた認可基準も変える必要がある。異
論は出るだろうが，日本の大学はすでに偏差値という指標で大学をランク付け
している。同じ指標で大学を見るのでなく，進路と学習内容，カリキュラムで
大学を選択できる方法を探れば，「抽象思考」に適応しない学生であっても
「非認知能力」や「身体能力」等に特徴のある学生を受け入れ，特定または一
定の知識・技能をもつ職業人を育てる大学があってもよい。

　理念型として示すと，抽象思考対応型のカリキュラムが主である大学から，
現実思考対応型のカリキュラムが主である大学まで，幅広く存在することにな
る。選抜方法も各大学の自由とする。高校までの単線型教育システムの矛盾を，
大学で多様な進路を備えた複線型教育システムに再編成するのである。こうな
れば，いやでも高校段階で自分の進路を真剣に考えなければならない。

4　職業・キャリア教育と今後の大学等

　現在の日本社会は，大学等へ進学する若者が同世代の70％を超えようとして
いる。大学において，高校以下での「学力」の未修得者も含めた教育上の課題
は，修得主義と履修主義という教育システムと深く関わっていることを論じた。
この点がフランスやドイツなどの欧州諸国との違いである。

　問題は，大学が抱える教育課題の克服はどうすればよいかという点にある。
根源的にはエリート養成を基盤とした古典的大学をモデルとして，大学の選抜

機能を強化するか，反対に70％以上の学力問題も含め，多様な若者が入学して
くる現実を認め，どう改革するかを考える以外に道はない。

　前者の道を歩めば，多くの大学を閉鎖しなくてはならないだろう。筆者は後
者の道を選択し，大学のカリキュラムを多様化する方法以外に適切な方法はな
いのではという立場に立っている。そのためには，職業・キャリア教育という
視点から大学教育を捉える必要がある。過去の医師，法律職，上級官僚，研究
者等の輩出源であった大学ではなく，大衆化した大学では多様な人材養成が必
要である。そのためには，大学のカリキュラムを柔軟化し学生の「認知能力」
や「身体能力」等の特性により，専攻を決定できるようにする。義務教育から
後期中等教育まで単線型で来た現在の日本の教育のシステム上の矛盾を，高等
教育段階で複線型にすることにより修正するのである。

　多様化するわけであるから，「学力検査」も入学の指標の一つである。大学
のカリキュラムも共通科目は最低に抑える。大学の数だけカリキュラムが存在
する。教員も研究能力を生かした教員，教育能力を生かした教員，実務的な職
務能力に優れた教員まで多様化する。伝統的な抽象思考が要求されるカリキュ
ラムに力点を置いた大学から，具体の職業教育に力点をおいた大学まで幅が広
がる。職業教育の視点からみれば広義から狭義の職業教育までカリキュラムが
広がる。大学と実業界の新たなつながりも生まれるだろう。

　大学教員に要求される専門的知識や指導力も多様化の道を歩むだろう。それ
が学校の新たな出発点になるのではなかろうか。

学習課題

（1）現在の学校制度が確立した1947年から2020年まで，日本の産業・職業構造の
　　変化が，学校に与えた構造上の影響を概括しなさい。

（2）職業・キャリア教育の定義を明らかにし，小学校から大学まで一貫した職
　　業・キャリア教育が重視されるに至った経緯を説明しなさい。

（3）これからの産業・職業構造の変化の中で，学校における職業・キャリア教育
　　の果たす役割を考察しなさい。

引用・参考文献

伊藤一雄ほか編著（2001）『専門高校の国際比較』法律文化社.

苅谷剛彦ほか編著（2010）『大卒就職の社会学』東大出版会.

斎藤武雄ほか編著（2009）『ノンキャリア教育としての職業指導』学文社.

佐藤史人ほか編著（2018）『新時代のキャリア教育と職業指導』法律文化社.

堀内達夫ほか編著（2013）『日本と世界の職業教育』法律文化社.

（伊藤一雄）

第9章

教育の方法を議論するために(1)

—教育課程から

　　　本章では，現代社会の教育課題を意識しつつ，教育課程の編成につい
　　て考察してみたい。教育課程は学校の教育設計そのものであるため，教
　　育の方法を議論するにあたって，教育課程の編成原理の理解は必要不可
　　欠である。教育課程の編成において，大きく「経験主義」と「系統主
　　義」という立場から考察されることが多い。それぞれの立場は，「進歩
　　主義」と「本質主義」という2つの対立する教育観と深く関わっている。
　　そこで，「進歩主義」と「本質主義」という教育観と，「経験主義」と
　　「系統主義」それぞれの立場に基づいたアメリカの教育課程について考
　　察する。また，それらに影響を受けた日本の教育課程と学習指導要領に
　　ついても考察してみたい。具体的には，日本の経験主義教育，系統主義
　　教育，総合的な学習の時間について考察し，これからの教育課程につい
　　て議論したい。

1　教育の目的と教育課程

　教育課程とは，英語のカリキュラム（curriculum）の訳語である。カリキュ
ラムは，ラテン語の語源では，競馬場とか競争路のコースを意味する（日本カ
リキュラム学会 2001：1）。教育課程について，『広辞苑（第七版）』では，次のよ
うに定義されている。「学校教育の目的実現のためにつくられる，教育の目
標・内容構成・配当時間などの総体」。カリキュラムの語源である競馬場や競
争路のコースにはゴールがあり，教育もゴール＝目的に向かって進んでいくの
である。ただ，ゴールで求められるものによって，コースの形態は変わってく
る。単に短距離でのスピードが求められているのか，長距離でのスタミナも求

められているのか，あるいは，障害物を飛越する力も求められているのか。教育も同様に，目的が変われば，その目標・内容構成・配当時間などは異なってくる。

　教育には，本質主義と進歩主義という2つの異なる考え方がある。本質主義とは，基礎的・基本的な知識を系統的に子どもに伝達することを教育の基本的な機能ととらえる立場である。一方，進歩主義とは，子どもの主体的な学習経験を尊重することこそが真の教育と考える立場である。結果，本質主義の教育を目的とするとき，教師主導の教育となりやすく，学習者の努力が重視されるのに対して，進歩主義の教育を目的とするとき，学習者主導の教育となりやすく，学習者の興味が重視される。本質主義と進歩主義の二元論をいかに克服するかは，今も教育課程編成における主要課題である（日本カリキュラム学会 2001：5）。

　これら2つの考え方の根底には，性悪説と性善説という2つの異なる子ども観がある。キリスト教世界において，原罪という観念に従えば，人は人祖アダムが犯した罪の結果，原罪を背負って生まれる。人間は悪を抑制することによって，成人になっていくのであり，幼いほど罪深いということになる。ロック（John Locke）は，この性悪説に基づいた宗教的人間観から私たちを解放し，ルソー（Jean-Jacques Rousseau）は，白紙状態にまで戻された子ども観に性善説を注入した。ルソーの子ども観は，デューイ（John Dewey）の子ども中心主義に至って完成されたと見るができる（徳岡 1993：134）。それは，ロック，ルソー，デューイそれぞれが残した次の言葉の中に表されている。

　　ロック（1632-1704）
　　「その息子は当時非常に幼かったので，わたくしはただ白紙，あるいは好きなように型に入れ，形の与えられる蜜蠟に過ぎないと考えました。」

（ロック 1967：333）

　　ルソー（1712-1778）
　　「万物をつくる者の手をはなれるときすべてはよいものであるが，人間の手にうつされるとすべてが悪くなる。」　　　　　　（ルソー 1962：27）

　　デューイ（1859-1952）

　「いまやわれわれの教育に到来しつつある変革は，重力の中心の移動であ
　る。それはコペルニクスによって天体の中心が地球から太陽に移されたと
　きと同様の変革であり革命である。このたびは子どもが太陽となり，その
　周囲を教育の諸々のいとなみが回転する。」

（デューイ　1957：49，50）

2　経験カリキュラムと学問中心カリキュラム

（1）経験カリキュラム

　進歩主義教育は，プラグマティズムの哲学者としても知られるデューイが創
設したシカゴ大学の実験学校からアメリカ全土に広がっていった。進歩主義教
育の中心は子ども中心主義であり，教育の中心を教師から学習者である子ども
に転換しようとした。近代の学校では，知識を暗記し，規律を身に付けること
が重視される傾向が強かった。しかし，20世紀に入ると，個性的・能動的な存
在としての子どものための教育が求められるようになる（汐見ほか 2011：103）。
そこで，デューイは子どもたちの興味・関心に基づく経験の再構成と，子ども
たちが直面する社会的課題に応える教育（経験主義教育）の必要性を訴え，子
どもたちの生活経験を基本的な教育内容とし，その経験を組織的に展開するよ
うに編成された経験カリキュラムを提唱した。経験カリキュラムにおける教育
方法としては，問題解決学習を考案した。次の言葉は，このデューイの経験主
義をよく表している。「教育とは，経験の意味を増加させ，その後の経験の進
路を方向づける能力を高めるように経験を改造ないし再組織することである」
（デューイ 1975a：127）。

　この経験カリキュラムを実践したシカゴ大学の実験学校では，次の2つのこ
とが意図されていた。一つは，経験を土台にした知性である。子どもたちは料
理，木工や金工，裁縫や機織り，自然科学の実験，美術，音楽などさまざまな
経験をし，必要に応じて図書室や博物室（大学の図書館や博物館）で調べ物等
をして学びを深める。もう一つは，学校と社会との相互作用である。子どもた

ちが日常生活で学んだことを学校に持ち運び，学校で学んだことを日常生活に
応用する（中村 2010：65）。つまり，経験カリキュラムは，教育内容としての
生活経験を子どもの必要や興味によるとともに社会の必要によって構成し，子
どもたちの問題解決の活動を通して必要な知識や技能の学習を図ることを目指
しているのである。また，子どもたちの生活経験を生き生きと充実させるとと
もに，連続的に質の高いものへと発展させて，これによって子どもの主体性と
社会性の育成をねらっているのである（日本カリキュラム学会 2001：19）。デュ
ーイにとって，「教育は生活過程であって，将来の生活に対する準備ではない。
学校は，現在の生活──子どもが家庭において，近隣において，あるいは運動
場において営んでいるのものと同じように，彼にとって現実的で生き生きとし
た生活──を表現しなければならない」のである（デューイ 1977：13）。

（2）学問中心カリキュラム

　1957年に旧ソ連の人工衛星スプートニク1号が，世界に先駆けて打ち上げら
れた（スプートニク・ショック）のを契機として，アメリカでは本質主義者を
中心として，従来の経験主義教育批判や科学教育改造の論議が起こる。本質主
義者は，進歩主義の経験に基づいた実践に対し，経験を重んじる教育は場あた
り的な学習になりやすく，基礎的な学力が身に付かないと批判し，学力は系統
的な教材の伝達を通して定着すると説く（安彦ほか 2012：9）。本質主義者と位
置づけられている認知心理学者のブルーナー（Jerome Seymour Bruner, 1915-
2016）は，デューイの経験主義の教育課程を次のように厳しく批判し，系統主
義の教育課程，その典型としての学問中心カリキュラムを提唱している。「学
校はただ外部の広い社会との連続性，あるいは日常経験との連続性を準備する
だけでもって足れりとしてはならない。学校というところは，人間が知性を駆
使して新たなものを発見したり，創造だにしなかった新たな経験の世界へと飛
躍するための，特殊な社会なのだ」（ブルーナー 1969：183）。

　ブルーナーは1959年，自然科学教育の改善を主たるテーマに開催されたウッ
ズ・ホール会議で議長を務めた。ブルーナーは，この会議の報告書を基にした
『教育の過程』の中で，「学問中心カリキュラム」を提唱し，学問やその構造を

反映した教科を中心に教育課程を編成することを主張した。そして，教育に求められていることは，「教科の構造」（教科の背景にある学問の基本的観念）を把握することであると考えた。「教科の構造を把握するということは，その構造とほかの多くのことがらとが意味深い関係をもちうるような方法で，教科の構造を理解することである。簡単にいえば，構造を学習するということは，どのようにものごとが関連しているかを学習することである」（ブルーナー 1963：9）。学問中心カリキュラムにおける教育方法としては，発見学習を考案し，「そのような教育を成功させるために，なにをすればいいかはまだたくさんの研究を必要とするのであるが，重要な要素は，発見をうながす興奮の感覚である」としている。続けて，「ここで発見というのは，以前には気づかれなかった諸関係のもつ規則正しさと，諸観念の間の類似性を発見するということであり，その結果，自分の能力に自信をもつにいたるのである」（同：25）と述べる。また，教育方法を工夫することによって，「どの教科でも，知的性格をそのままにたもって，発達のどの段階のどの子どもにも効果的に教えることができる」（同：42）と考えている。アメリカでは，このブルーナー理論に基づいてカリキュラム改革が展開されていく。1950年代から60年代におけるアメリカのカリキュラム改造運動は，「教育内容の現代化」として日本を含む多くの諸外国に影響を与えるのである。ただ，ブルーナーは，経験カリキュラムが重視する子どもの興味・関心の視点を否定していたのではなく，その視点は「教科の構造」と密接に関連させられなくてはならないことを強調していた点については指摘しておきたい。「生活教育がいつも児童の興味に合致すると考えるのは，センチメンタリズムにすぎない。……興味というものは，つくり出すことも，刺激して伸ばすこともできるのだ」（ブルーナー 1969：182）。

3　教育課程と学習指導要領

　日本では，学校教育法が，各学校段階の教育課程に関する事項は文部科学大臣が定めることを規定し，学校教育法施行規則が，各学校の教育課程の基準として文部科学大臣が別に公示する学習指導要領によることを規定している。学

習指導要領とは，全国のどの地域で教育を受けても，一定の水準の教育を受けられるようにするため，学校教育法等に基づき，文部科学省が，小学校，中学校，義務教育学校，高等学校，中等教育学校，特別支援学校で教育課程を編成する際に定めた基準である。学習指導要領は，教育課程の基準として法体系に位置付けられていることから，法的拘束力を有すると解されている。

　しかし，1947年，最初に作成された学習指導要領は，「試案」とされて，序論においてその意図が次のように示されている。

> 　この書は，学習の指導について述べるのが目的であるが，これまでの教師用書のように，一つの動かすことのできない道をきめて，それを示そうとするような目的でつくられたものではない。新しく児童の要求と社会の要求とに応じて生まれた教科課程をどんなふうにして生かして行くかを教師自身が自分で研究していく手びきとして書かれたものである。

　戦後初の学習指導要領は，教師の創意・工夫を奨励することを旨とした手引きであった。あくまでも試案であって，法的拘束力をもつとはされていなかったのである。それが，1958年に改訂された学習指導要領からは，「試案」を削除して，「告示」文書とされ，教育課程の国家基準を明記した文書となっていく。つまり，学習指導要領は，学校教育法に基づく学校教育法施行規則の委任によって，文部科学大臣が「告示」するものであって，それぞれの学校における教育の編成や実施にあたって，「基準」として扱うものと規定され，法規の一種とみなされるようになるのである。このとき，学習指導要領は教師が「順守すべきもの」とされ，教師の「手引き」としての性格は姿を消していくことになる。

　その後，1970年代半ばには高校進学率が90％を超え，教育現場においては受験に必要な大量の知識を注入する「詰め込み教育」の傾向が一層強くなる。そのため，授業についていけない「落ちこぼれ」が増加し，社会問題となっていった。それに伴って，非行，校内暴力，いじめ，不登校，家庭内暴力等の教育荒廃現象が学校教育全体を覆っていった。このような状況のなか，学習指導要領は，小・中学校では1977年に第4次改訂，高等学校では1978年に第5次改訂

が行われた。学習指導要領改訂の基本理念は「教育の人間化」であり，学校教育の中に「ゆとりと充実」を取り戻そうとした。そのために，まず授業時数の削減や教育内容の精選が行われた。そして，授業時数や教育内容の削減によって生み出された時間を活用して「ゆとりの時間」が設定された。学習指導要領の基準は大綱的になり，再び学校や教師の創意工夫が求められるようになっていくのである。

　中央教育審議会「初等中等教育における当面の教育課程及び指導の充実・改善方策について（答申）」（2003年10月7日）では，学習指導要領の法的拘束力との関連において，学習指導要領の「基準性」についてその趣旨を次のように示している。

　新学習指導要領では，全国共通に指導すべき内容の厳選や大綱化・弾力化を一層進めることによって，社会全体に進む地方分権や規制緩和の流れもある中で，学校の裁量により，学校や教員の創意工夫を生かした指導を行うことが更に可能となっている。

　2017年告示の小・中学校学習指導要領，2018年告示の高等学校学習指導要領の前文にも次のように述べられている。

　学習指導要領とは，こうした理念の実現に向けて必要となる教育課程の基準を大綱的に定めるものである。学習指導要領が果たす役割の一つは，公の性質を有する学校における教育水準を全国的に確保することである。また，各学校がその特色を生かして創意工夫を重ね，長年にわたり積み重ねられてきた教育実践や学術研究の蓄積を生かしながら，生徒や地域の現状や課題を捉え，家庭や地域社会と協力して，学習指導要領を踏まえた教育活動の更なる充実を図っていくことも重要である。

　国民の教育水準を一定に保ち，調和のとれた適切な教育内容を担保するためには，全国的な基準が必要である。しかし，その基準は学校や地域，児童生徒の実態に合わせて弾力的に運用されるべきである。したがって，学習指導要領は，法的拘束力が認められるとしても，それは「大綱的基準」と考えられるべきであろう。次節以下，経験主義と系統主義の立場から，「大綱的基準」としての学習指導要領について考えを深めてみたい。

4　日本の経験主義教育

　1945年 8 月，日本は第二次世界大戦に敗れ，連合国軍による占領下において
戦後の教育改革が進められた。連合国軍最高司令官総司令部（GHQ）の要請に
より，第一次米国教育使節団が来日し，1946年 4 月，戦後の日本の教育のあり
方について『米国教育使節団報告書』が提出された。団員の多くはアメリカの
進歩主義教育の立場をとっており，報告書にも次のように記されている。

　　　良い課程は単に知識のために知識を伝える目的を以て工夫されるはずが
　　ない。それはまづ生徒の興味から出発して，生徒にその意味が分かる内容
　　によって，その興味を拡大充実するものでなければならない。目的に関し
　　て述べたことは，カリキュラムならびに学科課程の構成についても同様で
　　ある。すなわち特定の環境にある生徒が出発点でなければならない。

（教科教育百年史編集委員会 1985：29）

　生徒の興味を重視することや特定の環境にある生徒を出発点とすることは，
デューイの子ども中心主義，経験主義の教育思想そのものである。
　報告書の提言を受けて，1947年，文部省はアメリカの州レベルで作成されて
いたコース・オブ・スタディを参考にして初の学習指導要領を作成した。学習
指導要領は「試案」とされ，教師が教育課程を編成していくための「手引き」
であるとされた。また，当時は教科外活動という領域が明示されておらず，カ
リキュラムは「教育課程」ではなく，「教科課程」と訳されていた。戦前の修
身・公民・地理・歴史は廃止され，社会科・家庭科・自由研究の 3 教科が新設
された。この試案の特徴は，子ども中心主義，経験主義のカリキュラムであり，
社会科が中心的な教科として重視された。社会科では，子どもたちが社会生活
のなかで直面している現実的な問題を中心として，その解決のために自発的な
活動をしていく経験主義教育の原理を採用した。そのため，教科そのものの内
容によって系統立てることはせず，生活経験上の問題解決過程を授業として組

織した。民主主義社会の建設にふさわしい社会人を育て上げるため，社会科を中心としてすべての教科学習が生活と結びついて展開されたのである。1947年版小・中学校学習指導要領において，そのことがはっきりと示されている。

……社会科はいわゆる学問の系統によらず，青少年の現実生活の問題を中心として，青少年の社会的経験を広め，また深めようとするものである。……社会科は，学校・家庭その他の校外にまでも及ぶ，青少年に対する教育活動の中核として生まれて来た，新しい教科なのである。……社会科の授業の中に，他の教科の授業がとり入れられ，また他の教科の授業の際に，社会科のねらいが合わせて考慮されることは，当然のことであり，かえってその方が望ましいのである。　　　　　（小学校学習指導要領）

　生徒がある一つの社会的な問題を解決するには，従来の各教科における学習内容が何よりも必要である。そして，その解決のための最善の方法は，生徒が持っている知識や経験を，その教科的区画にとらわれないで，いずれ教科で取り扱われたことがらにせよ，社会生活に関するものであれば，すべてこれをとり集めて，必要に応じて使うということである。一般社会科の単元構成方法のねらいは，このような考え方にもとづき，生徒が意義のある経験を重ねることによって，自分の生活の価値をはっきりとつかみ，これを次第に高めて行くことができるように，教科課程を組み立てようとするところにある。……生徒が自分の力で社会の問題を解決しうるためには従来の幾つかの教科の教材が総合され，融合されて来なくてはならないのであるが，この意味で一般社会科は総合社会科とよばれてもよいであろう。　　　（中学校学習指導要領）

5　日本の系統主義教育

　1950年代の日本は，朝鮮戦争による特需景気によって息を吹き返した産業界からの要請もあり，経済発展に対応した人材を育成するということに主眼が置かれた。そして，これまでの経験主義の編成原理を改め，知識を系統的に教えて，基本をしっかりと身に付ける系統主義の編成原理へと方針転換された。特に，経験主義教育の原理を徹底した戦後の花形科目である社会科は，「はいまわる社会科」として大きな批判を浴びることになった。初期社会科（1947〜1955年頃）は，経験を積み上げて学ぶ面が強く，基礎・基本の学力が身に付か

ないと批判された。

　当時，冷戦の危機が高まるなか，1949年に中華人民共和国が誕生し，1950年には朝鮮戦争が勃発したことから，アメリカは日本に対して，民主主義の拠点というよりも，アジアにおける反共の防波堤としての役割を求めるようになった。1950年には，GHQの指令によりレッドパージが行われ，公務員，労働者，ジャーナリストなど1万人を超える人々がその地位を追われた。1951年，サンフランシスコ平和条約が締結され，52年には日本が独立国家として主権を回復するなか，日本の政治は「逆コース」を歩んだ。1955年，社会科学習指導要領は改訂され，「試案」の文字は消えた。1958年には，小・中学校の学習指導要領の全面改訂が行われた。58年版は，文部省告示として官報に公示され，法的拘束力をもつものとなった。そして，58年版では，教育内容の国家的基準性，系統性が強調された。経験主義の中核とされた社会科も，保守主義的なものとなり，内容の系統性が重視されるようになっていった。

　1960年代になると，スプートニク・ショックを背景とするアメリカにおける「教育内容の現代化」の影響が日本にも及んでくる。日本においても，経済発展が著しい高度経済成長期を迎え，科学技術を支える人材の育成が求められたことから，「教育内容の現代化」が打ち出された。そして，学習指導要領は，1968年に小学校，1969年に中学校で第3次改訂が行われた。高等学校では，1970年に第4次改訂が行われた。この改訂において，系統主義の傾向は一層重視され，教育内容が量的にも質的にも拡大し，高度化していった。「教育内容の現代化」を最も反映したのは，算数・数学・理科であった。たとえば，「集合」「関数」「確率」などの新しい概念が小学校段階で導入された。

　しかし，「教育内容の現代化」の理論的支柱でもあるブルーナーの学問中心カリキュラムは，学問の側から今何が必要かは示したが，子どもが今何を必要としているかについては必ずしも十分な考慮を払ったとは言えないと批判された（日本カリキュラム学会 2001：18）。「教育内容の現代化」によって，教育内容は高度化・過密化し，子どもたちは学習の意味を見失っていくのである。1970年代の日本では，詰め込み教育と受験競争の激化をもたらし，多くの「落ちこぼれ」を生み出していくことになるのである。

6　これからの教育課程と総合的な学習の時間

　1989年の冷戦終結，1990年の東西ドイツ統一，翌1991年のソ連崩壊に象徴されるように，1980年代後半から東西の冷戦体制が崩れ，経済はグローバル化するようになる。その結果，技術革新と情報化が急速な勢いで進むこととなる。社会の変化が激しくなるなか，1989年改訂の学習指導要領では，小学校低学年の社会科と理科が廃止され，合科的教科である「生活科」が新設された。1998年に小・中学校，1999年に高等学校で改訂された学習指導要領では，「総合的な学習の時間」が誕生することになる。「生活科」と「総合的な学習の時間」は，経験主義教育の系譜にあり，経験主義が再び脚光を浴びることになるのである。

　1989年改訂では，「新しい学力観」が打ち出され，知識・理解・技能の習得以上に，児童生徒の関心・意欲・態度を重視し，思考力・判断力・表現力に裏づけられた自己教育力が重視されるようになる。また，1998・99年の改訂では，完全学校週5日制のもとで，各学校が「ゆとり」の中で特色ある教育を展開し，生徒の個性を生かし自ら学び自ら考える力などの「生きる力」を育成することを学校教育の方針とした。年間授業時数は，小・中学校において各学年で70単位時間程度減少し，教育内容は約3割削減された。小・中学校の第3次改訂学習指導要領と比較すると，小学校で6年間に454単位時間，中学校で3年間に595単位時間，授業時数が削減されたことになる。このため，1977年版以来の「ゆとり」路線を徹底した1998・99年改訂の学習指導要領は，「ゆとり教育」と呼ばれるようになる（表9-1，9-2）。

　1998・99年改訂学習指導要領において，「総合的な学習の時間」は小学校3〜6年生・中・高等学校において，週2〜3単位時間が割り当てられた。各学校は，地域や学校，生徒の実態等に応じて，横断的・総合的な学習や，児童生徒の興味・関心に基づく学習など，創意工夫を生かした教育活動を行うことが求められた。しかし，このことが教育現場において多くの誤解や混乱を招き，少なくない学校で，補充学習のような専ら特定の教科の知識・技能の習得を図

表 9 - 1　1968, 69年の改訂

小学校

区分	各教科の授業時数								道徳の授業時数	総授業時数
	国語	社会	算数	理科	音楽	図画工作	家庭	体育		
第1学年	238	68	102	68	102	102		102	34	816
第2学年	315	70	140	70	70	70		105	35	875
第3学年	280	105	175	105	70	70		205	35	945
第4学年	280	140	210	105	70	70		105	35	1015
第5学年	245	140	210	140	70	70	70	105	35	1085
第6学年	245	140	210	140	70	70	70	105	35	1085

中学校

区分	必修教科の授業時数								道徳の授業	特別活動の授業時数	選択教科等にあてる授業時数	総授業時数
	国語	社会	数学	理科	音楽	美術	体育保健	家庭・技術				
第1学年	175	140	140	140	70	70	125	105	35	50	140	1190
第2学年	175	140	140	140	70	70	125	105	35	50	140	1190
第3学年	175	175	140	140	35	35	125	105	35	50	140	1155

出所：文部科学省HP。
http://www.mext.go.jp/b_menu/shingi/chukyo/chukyo3/005/gijiroku/03070801/007.pdf
（2019年11月17日閲覧）

る教育が行われたり，運動会の準備などと混同された実践が行われたりした結果，当初の趣旨が達成されないばかりか，「ゆとり教育」批判の高まりとともに，総合的な学習の時間に対する批判も強まった。

　この点，苅谷剛彦が中心となって行った『調査報告 「学力低下」の実態』においても，「第一に，10年間続いた学習指導要領のもとでの教育が，基礎的な学力の定着に十分ではなかったことを指摘したい。子どもの意欲や，興味・関心を大切にしようと，指導より『支援』を重視してきた『新しい学力観』の

表9‐2　1998年の改訂

小学校

区分	各教科の授業時数									道徳の授業時数	特別活動の授業時数	総合的な学習の時間の授業時数	総授業時数
	国語	社会	算数	理科	生活	音楽	図画工作	家庭	体育				
第1学年	272		114		102	68	68		90	34	34		782
第2学年	280		155		105	70	70		90	35	35		840
第3学年	235	70	150	70		60	60		90	35	35	105	910
第4学年	235	85	150	90		60	60		90	35	35	105	945
第5学年	180	90	150	95		50	50	60	90	35	35	110	945
第6学年	175	100	150	95		50	50	55	90	35	35	110	945

中学校

区分	各教科の授業時数									道徳の授業時数	特別活動の授業時数	選択教科等にあてる授業時数	総合的な学習の時間の授業時数	総授業時数
	国語	社会	数学	理科	音楽	美術	保健体育	技術家庭	外国語					
第1学年	140	105	105	105	45	45	90	70	105	35	35	0～30	70～100	980
第2学年	105	105	105	105	35	35	90	70	105	35	35	50～85	70～105	980
第3学年	105	85	105	80	35	35	90	35	105	35	35	105～165	70～130	980

出所：文部科学省HP。
http://www.mext.go.jp/b_menu/shingi/chukyo/chukyo3/005/gijiroku/03070801/007.pdf
（2019年11月17日閲覧）

もとでの教育は，少なくとも今回の調査で見るかぎり，基礎学力の定着という面で問題がなかったとはいえない」と「ゆとり」路線が批判されている。さらに，「意欲や興味・関心は，どの子も同じように持っているわけではない。同じように引き出すことができるわけでもない。基礎学力がきちんと身に付いていない子どもたちに，基礎・基本を学ぶ時間を削ってまで新学力観的な授業を増やしていけば，家庭の文化的環境による格差が，新旧いずれの学力においても拡大していくだろう」と学力低下の実態に警鐘を鳴らしている。また，子ど

表 9-3 総合的な学習の時間と総授業時数の変遷

小学校

領域＼学年		1年	2年	3年	4年	5年	6年	計
総合的な学習の時間	2008年版			70	70	70	70	280
	1998年版			105	105	110	110	430
総時数	2008年版	850	910	945	980	980	980	5645
	1998年版	782	840	910	945	945	945	5367

中学校

領域＼学年		1年	2年	3年	計
総合的な学習の時間	2008年版	50	70	70	190
	1998年版	70～100	70～105	70～130	210～335
総時数	2008年版	1015	1015	1015	3045
	1998年版	980	980	980	2940

も中心主義，経験主義が再び脚光を浴びる中，「『体験』を中心にした学習をやれば，家庭環境の違いによらず，どの子どもの興味・関心，学習意欲を高めることができる，といった『子ども中心主義』教育の神話が，かえって，あいまいで『目に見えない』教授法を広めることで，階層差を広げていく」と指摘する（苅谷ほか 2002：38，50，51）。その後，「脱ゆとり教育」とも呼ばれる2008年の改訂では，小学校で6年間に278単位時間，中学校で3年間に105単位時間，授業時数が増加し，総合的な学習の時間の授業時数は縮減している（表9-3）。

しかし，社会構造や雇用環境が大きく変化し，予測が困難な現代においては，学校と社会が連携・協働しながら，新しい時代に求められる資質・能力を子どもたちに育む「社会に開かれた教育課程」の実現が目指される。この意味において，社会がもつ教育力に着目し，社会における生活と経験に立脚した総合的な学習を実現するために，「経験主義」と「系統主義」の二元論を乗り越えて，総合的な学習の時間は，教科との連携と統合を図っていくことが必要である。

2017年改訂の新学習指導要領では，総合的な学習の時間の授業時数に変更はないものの，総合的な学習の時間を通してどのような資質・能力を育成するの

かということを明らかにするとともに，これまで以上に総合的な学習の時間と
各教科等の相互の関わりを意識しながら，学校全体で育てたい資質・能力に応
じた横断的・総合的な学習が行われることが求められている。各学校において
定める総合的な学習の時間の目標には，各学校が育てたいと願う生徒の姿や育
成すべき資質・能力などを，各学校の創意工夫に基づき明確に示すことが期待
されている。つまり，これからの教育課程においては，総合的な学習の時間が
各学校の教育目標を具体化し，総合的な学習の時間と各教科等の学習を関連づ
けることにより，新しい時代に求められる資質・能力を子どもたちに育むこと
が求められているのである。

学習課題

（1）経験主義教育と系統主義教育それぞれの長所と課題について議論してみよう。
（2）「社会に開かれた教育課程」にするための具体的な方策について議論してみ
　　　よう。

引用・参考文献

安彦忠彦ほか編著（2012）『よくわかる教育学原論』ミネルヴァ書房.

伊藤一雄ほか編著（2009）『教職基礎論』サンライズ出版.

伊藤一雄ほか編著（2018）『新しい教職基礎論』サンライズ出版.

大沢克美編著（2019）『小学校社会科教師の専門性育成〔第三版〕』教育出版. 大津尚
　　　志ほか編（2010）『教育課程論のフロンティア』晃洋書房.

大津尚志ほか編著（2018）『新版 教育課程論のフロンティア』晃洋書房.

大杉昭英（2017）『中央教育審議会答申 全文と読み解き解説』明治図書.

苅谷剛彦ほか著（2002）『調査報告「学力低下」の実態』岩波書店.

教科教育百年史編集委員会編（1985）『原典対訳 米国教育使節団報告書』建帛社.

佐藤三郎（1986）『ブルーナー「教育の過程」を読み直す』明治図書.

汐見稔幸ほか編著（2011）『よくわかる教育原理』ミネルヴァ書房.

柴田義松編著（2008）『教育課程論 第二版』学文社.

柴田義松（2010）『柴田義松教育著作集3 教育課程論』学文社.

嶋口裕基（2018）『ブルーナーの「文化心理学」と教育論「デューイとブルーナー」
　　　再考』勁草書房.

杉浦宏編（1998）『日本の戦後教育とデューイ』世界思想社.

高浦勝義著（2011）『指導要録のあゆみと教育評価』黎明書房.

滝沢和彦編著（2018）『MINERVA はじめて学ぶ教職① 教育学原論』ミネルヴァ書房.

田中耕治編（2009）『よくわかる教育課程』ミネルヴァ書房.

田中耕治ほか著（2011）『新しい時代の教育課程〔第3版〕』有斐閣.

田村学編著（2017）『平成29年版小学校新学習指導要領の展開 総合的な学習編』明治図書.

田村学編著（2017）『平成29年版中学校新学習指導要領の展開 総合的な学習編』明治図書.

デューイ，大浦猛編，遠藤昭彦ほか訳（1977）『実験学校の理論』明治図書.

デューイ，宮原誠一訳（1957）『学校と社会』岩波書店.

デューイ，松野安男訳（1975）『民主主義と教育（上）』岩波書店.

デューイ，松野安男訳（1975）『民主主義と教育（下）』岩波書店.

徳岡秀雄（1993）『少年司法政策の社会学』東京大学出版会.

中村弘行（2010）『人物で学ぶ教育原理』三恵社.

日本カリキュラム学会編（2001）『現代カリキュラム事典』ぎょうせい.

根津朋実編著（2019）『MINERVA はじめて学ぶ教職⑩ 教育課程』ミネルヴァ書房.

菱刈晃夫（2018）『教育にできないこと，できること——基礎・実践・探究〔第4版〕』成文堂.

広岡義之編著（2016）『はじめて学ぶ教育課程』ミネルヴァ書房.

古川治ほか編著（2015）『教職をめざす人のための教育課程論』北大路書房.

ブルーナー，鈴木祥蔵ほか訳（1963）『教育の過程』岩波書店.

ブルーナー，橋爪貞雄訳（1969）『直観・創造・学習』黎明書房.

無藤隆ほか編（2017）『中教審答申解説2017「社会に開かれた教育課程」で育む資質・能力』ぎょうせい.

キャサリーン・キャンプ・メイヒューほか，小柳正司監訳（2017）『デューイ・スクール——シカゴ大学実験学校：1896年～1903年』あいり出版.

森山賢一編著（2013）『教育課程編成論』学文社，年

文部科学省（2018a）『小学校学習指導要領（平成29告示）解説 総合的な学習の時間編』東洋館出版社.

文部科学省（2018b）『中学校学習指導要領（平成29告示）解説 総合的な学習の時間編』東山書房.

ルソー，今野一雄訳（1962）『エミール（上）』岩波書店.

ルソー，今野一雄訳（1963）『エミール（中)』岩波書店.

ルソー，今野一雄訳（1964）『エミール（下）』岩波書店.

ロック，服部知文訳（1967）『教育に関する考察』岩波書店.

山田雅彦編（2016）『教師のための教育学シリーズ 6　教育課程論』学文社.

（奥野浩之）

第10章

教育の方法を議論するために(2)
──学校経営と学級経営から

　学校経営は校長や管理職だけがするものではなく，校長のリーダーシップのもと，全教職員が当事者意識をもって学校経営に参画し，組織として機能する学校づくりに努めるものでなければならない。校長の学校における組織マネジメントと教職員のチーム学校としての意識改革が試されているのである。前半では，校長としての学校経営方針の策定から子ども・保護者から信頼される学校づくりまでをどのように進めればよいかを考える。

　後半では，子どもたちにとって学校生活の基盤となる学級を，学級担任がどのように効果的かつ計画的に運営していくのかという学級経営について考える。

　特に，子どもが安心・安全で生き生きと過ごせる学級づくりには，生徒指導の三機能を生かした学級づくりが不可欠である。子どもの居場所となる学級，仲間づくりの土台となる学級，多くの授業が行われる学級を質の高い集団にするために心がけなければならないことを学級経営の視点で考える。

1　学校経営とは

(1) 学 校 経 営

　「経営」は，一般的には「目標達成のために，人材，予算，設備などの経営環境を最も有効な手段によって活用し組織活動を営む」こととして使われることが多い。

　学校経営とは，校長の教育理念をもとに学校経営方針を策定し，「学校教育目標」の具現化を図るために，各学校の経営資源（教職員・保護者・予算・施

設・設備・情報・地域その他）を活用し，最も有効な手段により学校運営と管理を行い，教育の質の維持・向上を目指すことである。言うまでもなく，学校経営は校長や管理職だけがするものではなく，校長のリーダーシップはもちろんのこと，全教職員が当事者意識をもって学校経営に参画し，組織として機能する学校づくりに努めることが必要である。また，すべての教育活動をＰ（計画）・Ｄ（実施）・Ｃ（評価）・Ａ（改善）サイクルに沿って検証し推進しながら，適切に学校の運営・管理を行うことが求められている。

（2）学校経営方針

　学校経営方針とは，校長がミッション（使命感）をもって内的な環境要因（子どもの実態，教職員の実態，学校の施設・設備の実態，予算の現状等）や外的な環境要因（社会の状況，教育施策の状況，保護者の実態，地域の実態，関係機関・団体等）を踏まえ，長期・中期・短期的な展望に立って将来の学校のあるべき姿すなわちビジョン（将来構想）を明らかにすることである。

　具体的に学校経営方針を考えるにあたって，過去の歴史を振り返り，現在の社会の状況をしっかりと分析し，そして子どもたちが10年後も20年後も生き生きと活躍できるような将来の社会を想像する必要がある。校長は普段から社会の情報には敏感になり，あらゆるメディアから情報を収集し理解するだけでなく，それぞれの情報に対する教育者としての意見をもたなければいけない。また，教育者であり学校の最高責任者である校長は学習指導要領をしっかりと読み込み理解しておかなければならない。

　学習指導要領は，それぞれの年代の社会的な背景を十分に配慮して策定された教育課程の基準であるので，学校経営方針に反映させることは当然である。さらに，校長は，国や所属する地方自治体，各都道府県や市町村の各教育委員会の教育施策や教育目標等についても十分に熟知した上で，内外の環境要因を加味して学校経営方針を策定するのである（図10‐1参照）。

（3）学校教育目標

　各学校は，学校経営方針のもと「学校教育目標」を策定し，「目指す学校像」

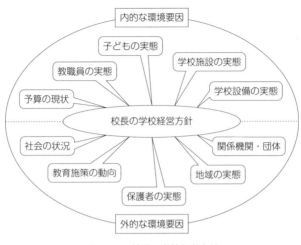

図10‐1　校長の学校経営方針

や「目指す子ども像」「目指す教職員像」を設定し，長期・中期・短期的な目標を持ちながら，学校としての「今年度の重点目標」を設定する。さらに，当該年度の各学年の学年目標や学習指導，生徒指導，進路指導などの学校運営に関わる全ての校務分掌の目標も策定する必要がある。これらの目標を設定するに当たっては，校長は組織としての各分掌や学年の主任の意向を踏まえるとともに，全ての教職員の思いや願いも受け止め，全教職員が共通理解し十分に納得した上で設定されるように指導・助言に心がけることが重要である。また，校長は全ての教職員がそれぞれの立場でどのような個人目標を立て，どのような具体的な方策と取組を設定するのか，どのような協働体制で取組を進めるのかも把握し，全教職員がお互いに共通理解を図れるようにすることも大切である（図10‐2参照）。

　さらに，学校が設定した教育目標を実現するためには，学習指導要領等に基づいてどのような教育課程を編成し，どのようにそれを実施・評価し改善していくのかという「カリキュラム・マネジメント」の確立も，とても重要である。

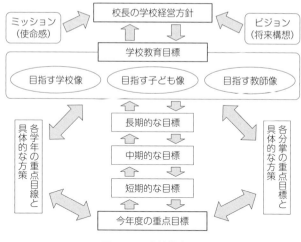

図10‐2　学校教育目標

（4）学校における管理業務

　学校における管理業務には，「業務管理」「会計管理」「人事管理」「危機管理」などがある。校長の具体的な職務については表10‐1に示してあるとおりである。特に地震や台風，豪雨などの自然災害やいじめ問題など生命や人権に関わる事件，事故などに対応する「危機管理」の業務は重要である。生徒が安心して安全に過ごせるのが当たり前の学校，保護者にとってわが子が楽しく通えて大切にされるのが当然の学校，地域の人々が大切にしてきた地域の拠点としての学校，教職員が健康で充実した日々を送れる学校を管理・運営していく校長の危機管理意識が，ますます問われているのである。

　文部科学省の「学校の危機管理マニュアル作成の手引」では危機管理の対応を以下のように大きく3つに分けて示している。

● 事前の危機管理（事故等の発生を予防する観点から，体制整備や点検，避難訓練について）

● 個別の危機管理（事故等が発生した際に被害を最小限に抑える観点から，さまざまな事故等への具体的な対応について）

● 事後の危機管理（緊急的な対応が一定程度終わり，復旧・復興する観点

157

表10‐1　校長の職務内容

	校長の職務
基本事項	校務をつかさどる（学教法28条）
教育課程 （カリキュラム）	教育課程の編成，年間指導計画の策定等，教育委員会への届出 （学習指導要領総則等）
	学習帳など補助教材の選定，教育委員会への届出，または教育委員会の承認 （地教行法33条，学校管理規則等）
児童・生徒の取扱い	出席状況の把握（学教法施行令19条等）
	課程の修了・卒業の認定（学教法施行規則27条等）
	指導要録の作成（学教法施行規則12条の３）
	児童・生徒の懲戒（学教法11条，学教法施行規則13条）
保健・安全	児童生徒の健康診断の実施（学校保健法６条）
	伝染病防止のための出席停止（学校保健法12条）
	非常変災時の臨時休業（学教法施行規則48条）
教職員人事	教職員の採用，異動，懲戒に関する教育委員会への意見の申出 （地教行法39条）
	校内人事，校務分掌の決定（学校管理規則等）教職員の服務監督，
	勤務時間の割振り，年休の承認等（教特法20条２，学校管理規則等）
	勤務評定の実施（学校管理規則等）
	学校評議員の推薦（学教法施行規則23条の３）
予算	物品購入の決定（限度額，品目指定あり）（財務会計規則）
施設・設備	学校の施設・設備の管理（学校管理規則等）
	学校施設の目的外使用の許可（学校管理規則等）

出所：第35回中央教育審議会 配付資料（一部引用）。

から，引渡しや心のケア，調査，報告について）

　各学校の安全上の課題は，時代や社会の変化に伴って変わっていくものであるという認識をもち，今まで想定されなかった新たな安全上の課題等にしっかりと対応できるように柔軟に見直すとともに，管理職を中心とした危機管理体制を構築していくことが重要である。

2　組織を生かした信頼される学校づくり

（1）学校の組織運営
① 組織の活性化

　校長は，学校の教育目標を効果的に達成するために校内組織を充実させ活性化を図らなければならない。そのために組織マネジメントを導入し，校内組織が活発に機能するように常に PDCA サイクルに則って検証し，教職員一人一人の資質を高めるとともに，その能力が最大限に発揮できるような組織改革に努めなければならない。

　校務分掌や指導体制を見直す視点として，① 校務分掌の整理と合理化，② 会議の合理化，③ 校務の役割の明確化，④ 教職員の適正で的確な職務の分担，⑤ 情報共有のルールの明確化，⑥ 校内研修の改善・充実，⑦ 学校評価の改善・充実などが挙げられるが，すべての教職員が当事者意識をもって組織的な学校運営に積極的に関わることが組織の活性化につながるのである。

② 人 材 育 成

　「教育は人なり」と言われるように，教育は教員の力量によって大きく左右されるがゆえに，人材育成は学校経営の根幹に位置づけられるものである。また，組織をより能率的・機能的に運営し活性化するためにも，組織的・計画的に人材育成に取り組むことが重要である。学校現場に限らず，多くの職場では「職場で仕事をしながら，経験の中で学び育つ」という経験知をもっている。これからは，より意識的かつ継続的に O-J-T（On-the-Job-Training）を行うことで，経験の浅い教職員だけでなく，中堅教職員（ミドルリーダー）など経験豊富な教職員を含めた学校全体の人材育成のよりよい効果が期待できるのである。

　言うまでもなく，人材育成は校長や管理職だけがするものではない。人材育成の必要性を全ての教職員が認識するとともに自らも学び続ける教職員であることが大切である。

　ここで，これからの教員に必要な資質能力について確認しておく。中央教育

審議会答申「これからの学校教育を担う教員の資質能力の向上について」（平成27年12月21日）では，「時代を超えて変わらない価値のあるもの」（不易）の資質能力として，① 使命感や責任感，教育的愛情，② 教科や教職に関する専門的知識と実践的指導力，③ 総合的人間力，④ コミュニケーション能力等が示されている。また，「時代の変化とともに変えていく必要があるもの」（流行）の資質能力として，① 自律的な学び，② 資質能力を生涯にわたって高めていくことのできる力，③ 情報を適切に収集し，選択し，活用し有機的に結びつけ構造化する力，④ 新たな課題に対応できる力量，⑤ 組織的・協働的に諸課題の解決に取り組む力等が示されている。

（2）チームとしての学校
①「チームとしての学校」の在り方

　中央教育審議会の「チームとしての学校の在り方と今後の改善方策について（答申）【骨子】」では次のように述べられている。

> 　生徒指導や特別支援教育等を充実していくために，学校や教員が心理や福祉等の専門スタッフ等と連携・分担する体制を整備し，学校の機能を強化していくことが重要である。このような「チームとしての学校」の体制を整備することによって，教職員一人一人が自らの専門性を発揮するとともに，心理や福祉等の専門スタッフ等の参画を得て，課題の解決に求められる専門性や経験を補い，子供の教育活動を充実していくことが期待できる。

　このように，子どもたちは，教職員だけでなく多様な価値観や経験，専門性を持った大人と接することや議論することよって，より深みのある経験を積むことができ，子どもの「生きる力」を定着させることにつながるのである。

②「チームとしての学校」のための校長のマネジメント能力

　2019年度文部科学関係予算（案）の概要に記載されているチーム学校に関する予算付けされた専門スタッフ及び外部人材は，スクールカウンセラー，スクールソーシャルワーカー，スクールロイヤー，部活動指導員，スクール・サポート・スタッフ，特別支援教育専門家，スクールガード（学校安全ボランティ

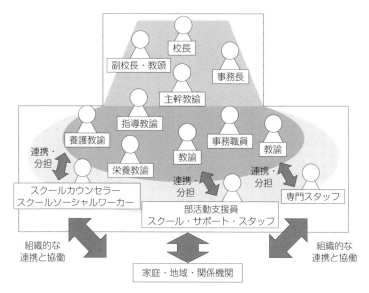

図10‑3　「チームとしての学校」のイメージ
出所：中央教育審議会答申「チームとしての学校の在り方と今後の改善方策について」
　　　（概要）を参照して改変。

ア）などである。校長は，予算的な裏付けがない場合でも，NPO や保護者・
地域の人材・大学生等をボランティアとして積極的に活用するなど，地域の実
態に合わせて工夫を凝らすことも重要である。また校長は教員が担うべき業務
や役割を整理し，授業改革に集中できる環境を構築し，教職員の意識改革と
「チームとしての学校」の必要性の共通理解を図ることが重要である。そのた
めには，地域の資源や多様な専門性をもった職員を有機的に教職員と結びつけ，
地域に根ざした多職種による協働の文化を学校に取り入れていくことができる
校長のマネジメント能力がとても大切なのである（図10‑3参照）。

③「チームとしての学校」と家庭，地域，関係機関との関係

　「チームとしての学校」を考える場合，教職員や専門のスタッフや地域の人
材等のハード面だけではない。忘れてはならないのは，保護者や地域の人々，
関係機関等と連携・協働して，子どもの成長を共に考え地域の宝としての子ど

もを育むという姿勢である。保護者や地域の資源を積極的に活用し，特別活動や総合的な学習の時間を利用してキャリア教育や地域課題解決型などの学習を進めるのである。そのことが，学校を核とした地域の創世になり，次代の郷土を創っていく人材育成と町づくりにもつながっていくのである。

（3）学校評価の充実

生徒や保護者や地域から信頼される学校となるためには，学校評価を積極的に公表し，説明責任を果たすと同時にその結果についても責任を明確にして改善の方向性や改善点を明らかにしていく必要がある。

学校評価については，「学校評価ガイドライン〔平成28年改訂〕」で，従前の「自己評価」と「外部評価」という概念を整理し，自己評価，学校関係者評価，第三者評価に分けて次のように示している。

自己評価は，学校評価の最も基本となるものであり，校長のリーダーシップのもとで，当該学校の全教職員が参加し，設定した目標や具体的計画等に照らして，その達成状況や達成に向けた取組の適切さ等について評価を行うものである。

学校関係者評価は，保護者，学校評議員，地域住民，青少年健全育成関係団体の関係者，接続する学校（小学校に接続する中学校など）の教職員その他の学校関係者などにより構成された委員会等が，その学校の教育活動の観察や意見交換等を通じて，自己評価の結果について評価することを基本として行うものである。

第三者評価は，学校とその設置者が実施者となり，学校運営に関する外部の専門家を中心とした評価者により，自己評価や学校関係者評価の実施状況も踏まえつつ，教育活動その他の学校運営の状況について，専門的視点から評価を行うものである。

学校評価を行うにあたっては，児童生徒による授業評価も含め，児童生徒，保護者，地域関係・青少年育成関係団体等による学校関係者によるアンケートも積極的に活用することが重要である。また，自己評価においては，すでに多くの自治体で実施されている教職員評価システムを活用することも有効である。

3　学級経営の基本的な考え方

（1）学級経営とは

　学級経営とは，学級担任が学級の子どもたちに対して学習指導や生徒指導を通して，個々の子どもたちの課題の解決や学校教育目標や学級教育目標の達成に向けて，効果的かつ計画的に学級運営を行うことである。

　日本の学級は，義務教育においては学校教育法第17条第１項により，ある年の４月２日生まれから翌年の４月１日生まれの子どもという形式的な基準で一堂に集め組織した集団である。同一学年の児童・生徒で編成される単式学級が普通であるが，小規模等などで特別に事情がある場合は複式学級を編成しているところもある。

　学級とは，子どもたちにとって学校生活の基盤となる場所であり，「安心で安全な場所」「自信を持って活動できる場所」「一人一人が大切にされている場所」とならなければならない。また，学級で展開される授業を含めたすべての教育活動は，子どもたち一人一人のスムーズで確かな成長や発達につなながる人間形成としての活動と同時に，教職員の実践による学習集団と生活集団の成長を目指すものでもなければならない。子どもの成長は，「集団」という人と人との関係の中で培われ，その出会った集団の特性が子どもの成長に大きな影響を与えるのである。その影響をよりよいものにするためにも，その集団をいかに「質の高い集団」にしていくかが教職員の最も大きな責務の一つである。

（2）学校経営に基づいた学級経営

　担任が学級経営を行う上で大切なことは，学級の子どもたちの実態を把握し，子どもたちの思いや願いを加味した上で，担任の考えや思いを踏また学級経営目標を設定することが重要である。学級経営目標を設定するにあたっては，第１節で述べたように校長の学校経営方針に基づいた「学校教育目標」や「目指すべき学校像」「目指すべき子ども像」や「目指すべき教師像」を十分に反映するとともに，学年としての卒業を見据えた系統性のある「学年経営目標」に

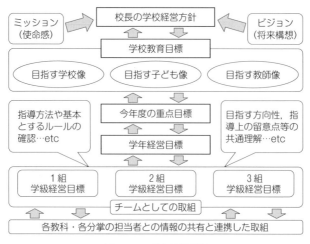

図10‐4　学年経営目標

も十分配慮する必要がある。学校の目指すべき方向性や，学年が求めている子どもの姿と学級経営目標が異なることはないのである。また，学級担任が進める具体的な方策や取り組みが他の学級と異なることがないように，目指すべき方向性や基本とするルール，指導方法や指導上の留意点等を共通理解する必要がある。さらには，それぞれの教科や分掌，養護教諭や各種委員会，スクールカウンセラーやスクールソーシャルワーカー等の専門のスタッフとも情報を共有し，組織として連携したチームとしての取り組みを計画することが必要である（図10‐4参照）。

（3）学級経営案の作成

　学級経営案とは，学級担任が学級の子どもたちをどのように導いていくのかを明記した計画書である。上述の（2）を踏まえて，学級担任としての役割と責務を自覚し，育てたい子どもの姿，実現したい学級の予想図を描くのである。その際には，子どもたちの特色や学級の課題等を十分に見極めた上で，自らの願いや思いを反映させて目指す学級の姿を明らかにするのである（図10‐5参照）。

令和○○年度　　第　　学年　　組　　学級経営案　　　担任　教諭　○○　○○	
1　学校教育目標	
2　学年目標	
3　学級目標	
4　学級の実態	
5　本年度の努力点	

6　学級の組織

活動	ねらい	活動時間・場所	グループ指導のポイント	評価
係活動				
当番活動				

＊活動欄には，係活動，当番活動（日直，清掃，給食など），計画（学級活動）委員会，集会活動，生活班活動，児童会・生徒会（委員会）活動などが当てはまる。

7　学習活動	教科，道徳，外国語活動，総合的な学習の時間，及び特別活動に関すること
8　生徒指導	基本方針，努力事項，具体的事項など
9　教室経営	教室経営，清掃分担，掲示計画，保健衛生に関することなど教室環境づくり
10　学級事務	年間を見通した事務計画，経理に関することなど
11　家庭との連携	学級通信，家庭訪問，家庭との連絡の仕方など
12　評価項目	学級経営の評価項目

図10-5　学級経営案（例）

出所：高知市教育委員会「学級経営ハンドブック」（平成26年）。

　学級経営案を積極的に活用するためのポイントを示す。

① 指導する場面の記載については，より具体的な表現に心がける。
② 日々の子どもの実態を把握するとともに，子どもの変容等についても記録しておく。
③ 定期的に各教育活動や実践における指導の手立てや見通しを再考し，学級経営案に修正を加える。
④ 学級経営案に基づいて実践する際には，生徒指導の3つの機能（第4節で詳しく述べる）を意識して進める。

4　学級経営と生徒指導

　子どもが安心・安全で生き生きと過ごせる学級づくりには，生徒指導の3つ機能を生かした学級づくりが不可欠である。子どもの居場所となる学級，仲間づくりの土台となる学級，多くの授業が行われる学級を質の高い集団にするために心がけなければならないことについて考えてみる。

　言うまでもなく，学校におけるすべての教育活動において，生徒指導は重要な役割を果たしており，学習指導と並んで重要な意義がある。

（1）自己指導能力の育成を目指した学級経営

　生徒指導の意義である自己指導能力とは，一言で言うと「その時，その場で，どのような行動が適切か，自分で考えて，決めて，実行する能力」である。子どもが自分自身の気持ちをしっかりと見つめ，今何が一番大切かを考え，自らが決断し実行していく。教員は子どもがどうしたいのか，どのように行動するのかという過程をしっかりと「見守る」こと，そして指導と支援を行っていく。これが自己指導能力の育成であり，生徒指導に求められている教員の基本的な関わり方であり，学級経営では忘れてはならない姿勢である。教員が「こうすべきである」と指示を出して子どもたちが自主的に行動することでは決してないのである。子どもの持っているよさを引き出そうとする関わりを通して初めて自己指導力が高まっていくのである。

　教員が「見守る」ということは，子どもの自主性に任せて子どもを放っておいて教員が何もしないということでは決してない。教員が学級経営の中で子どもたちが主体となる活動の仕掛けを行い，主体的に活動できる「場」や「機会」を設定することが大切なのである。子どもたちが教員の意図を感じることのない，目に見えない計画的な教員の働きかけが大事なのであり，学級経営の基本的な姿勢である。

（2）生徒指導の３つの機能を生かした学級経営

　自己指導能力を育成するための方法は，日々の教育活動の中で下記の生徒指導の３つの機能（自己存在感を与える・共感的な人間関係を育成する・自己決定の場を与える）を生かすことである。

①「自己存在感を与える」

「自己存在感を与える」とは，簡潔に言うと，「生徒のすべてを認め，大切にすること」である。教員が機会あるごとに子ども一人一人をかけがえのない存在としてとらえ指導することである。さらに言えば，社会性を育む観点から，子どもに活動の場を与え，人の役に立った，人から感謝された，人から認められた，という「自己有用感」を与えることもとても重要である。

②「共感的な人間関係を育成する」

　「共感的な人間関係を育成する」とは，人間的なふれあいを通して，ありのままの自分の思いや考えを伝え合い，相手の立場に立って理解し合い，お互いの違いとよさを認め合い無条件に尊重し合う人間関係のことである。教員が子どもとともに人間的な弱さを乗り越えようとする姿勢をもち，自己開示を行い，関わりを深めようとすることにより共感的な人間関係が生まれるのである。子ども同士についても同様である。

③「自己決定の場を与える」

　「自己決定の場を与える」とは，簡潔に言うと，「生徒の主体性を大切にすること」である。生徒それぞれの自己の可能性の開発を援助するために，自他のそれぞれの社会的な自己実現を図ることを目指して，自己の行動を決定することである。言うまでもなく，自己決定といっても，すべてを自分勝手に決めてもよいということではない。他者とともに自分があるということも意識させ，他者の主体性を大切にした上で自らの行動を決定することが重要であり，必ず自己責任がついて回るということも意識させなければならない。

この生徒指導の３つの機能は教育活動すべてに当てはまることであるが，特に学級経営では忘れてはならない基本とすべきことである。

（３）「居場所づくり」と「絆づくり」を基本とした学級経営
①「居場所づくり」

　「居場所づくり」とは，自己存在感や自己有用感を感じられる，子どもたちが安全で安心できる場所を教員が創りだすことである。子どもたちが学校の中で一番長く過ごす時間が多いのは教室であり学級である。まず，子どもが学級にいると落ち着かないとか少し不安を感じるとかいう感覚をもたない安心感のある学級を，教員がつくることである。このことは，学級だけでなく学校のあらゆる教育活動の場所と場面が対象であり，単に「居心地がよいようにする」ことだけではなく，「すべての子どもが困らない」居場所でなければならないのである。

　具体的には，一人一人が大切にされる場所，お互いの違いを認め合える場所，一人一人が安心していられる場所，お互いの失敗を許容し合える場所，正義が通る場所などのような空間のことなのである。自分が認められている，大切にされている等の存在感が実感でき，精神的に満たされた充実感が得られる場所が心の居場所となるのである。

　学校で過ごす時間の多くが授業時間であることを考えると，授業がわからないことほど子どもにとって不幸で「居心地の悪い」ことはない。まず，学級担任だけでなくすべての教員が，子どもの居場所をつくるために，「わかる授業」に向けた「授業改善」に取り組むことである。また，遅刻をしない，チャイムが鳴れば着席する，忘れ物をしない，人の話は静かに聞く，姿勢を正して座るなどの基本的な生活習慣や規律や礼儀についても，誰もが居心地のよい居場所をつくっていくためには必要不可欠なことであり，学級経営の基本として決して忘れてはならないことである。

②「絆づくり」

　「絆づくり」とは，主体的に取り組む共同的な活動を通して，お互いのこと

168

を認め合ったり，心のつながりを感じたりすることで，子ども自らが「絆」を感じ取り，紡いでいくことなのである。「絆づくり」は，教員がきちんと「居場所づくり」をしているということが大前提であり，正義の通らない規律のないところには「絆」は生まれることも「絆」を育むこともできない。

　教員が，子どものために「絆づくり」を進めるために，まず，しなければいけないことは，全員が参加でき，活躍できるような教育活動である。特に，すべての教科の授業においては，ペア学習やグループ学習などで必ず話し合う場面を短時間でもつくっていくなど，クラス全員が必ず授業に参加できるシステムを取り入れることが必要である。また，話し合いだけでなく，グループで1つのものを完成させていくような共同作業的な活動も取り入れることも考えられる。このように念入りな計画や準備がなされた授業を行えば，子どもはクラスの仲間とお互いに主体性をもって学びあい，話し合いという共同の活動を通して認め合い，理解し合い，「絆」が生まれ育まれるのである。このことは，学級活動や学校行事などの特別活動や総合的な学習の時間などにも取り入れてなければいけないシステムであり，学級経営では特に大切にすべきものである。

　以上，「居場所づくり」も「絆づくり」も2020年から順次完全実施される次期学習指導要領の方策のひとつである「主体的・対話的で深い学び（アクティブ・ラーニング）」にもつながるものである。学校のすべての教育活動で，教員をはじめとするすべての教職員が，子どもが主体となって活動できるような「場」と「機会」を学校体制として計画的かつ組織的に企画し提供しなければならない。そのような「場」と「機会」が設定できれば，教職員は子どもを信じて「絆づくり」の主体者である子どもたちの活動をしっかりと見守ればよいのである。

　子どもが変わることが求められているのではなく，変わることが求められているのは，教員の子どもへの関わり方であり教員の意識であるということを，教員は常に心に留めて置かなければならない。

（4）子どもや保護者との信頼関係づくり

　教員が子どもや保護者と適切に関わることは，子どもや保護者とつながり信

頼関係を築いていく源であり，よりよい学級経営の基盤となる。教員が子ども
への適切な関わりができれば，子どもは教員をモデルとして他の人と適切に関
わることができるようになるとともに，教員を信頼し，学ぶ意欲や自信をもつ
ことができる。また，教員が保護者と共感をもって関わることによって，保護
者に子育ての意欲や見通しをもってもらうことができる。子どもに学ぶ意欲や
自信をもたせ，保護者の子育ての意欲を高めることができるよう，教員一人一
人が関わる力を高める必要がある。

　教員が子どもや保護者との信頼関係を築く第一歩は，生徒指導におけるカウ
ンセリング技法の「受容」と「傾聴」である。「受容」とは，反論したくなっ
たり，批判したくなったりしても，そうした気持ちを脇において，子どもや保
護者のそうならざるを得ない気持ちを推し量りながら聞き，まずはすべてを受
け入れることである。「傾聴」とは，教員が自分に関心を向けてくれている，
大切な存在と意識してくれていると，子どもや保護者が感じるように，丁寧に
積極的に聴くことである。教員が信頼を得なければ何事も前には進むことはな
いのである。信頼を得た上で指導と支援，助言等を行うのである。これからの
教員にはコミュニケーション能力がますます求められているのである。

学習課題

（1）「学校経営は管理職である校長の仕事である」という意見に対してあなたの
　　考えを述べなさい。

（2）あなたは学級担任になりました。好きな言葉（詩）や「座右の銘」を含めて
　　自己紹介をしなさい。

引用・参考文献

貝ノ瀬滋（2017）『チーム学校の実践を目指して：校内研修シリーズ No3』.

金子邦秀・伊藤一雄ほか（2018）『新しい教職基礎論』サンライズ出版：69-78.

高知県教育委員会（2013）『「夢」・「志」を育む学級づくり（中学校編）』.

高知市教育委員会（2014）『学級経営ハンドブック（中学校）』.

国立教育政策研究所（2015）『「絆づくり」と「居場所づくり」』Leaf. 2.

埼玉県教育局東部教育事務所（2013）『学級経営案の作成と活用』.

坂本昇一（1990）『生徒指導の機能と方法』文教書院.

東京都教職員研修センター（2008）『学校経営基礎』.

中央教育審議会答申（2015）「これからの学校教育を担う教員の資質能力の向上について」.

中央教育審議会答申（2015）「チームとしての学校の在り方と今後の改善方策について」.

中央教育審議会答申（2015）「新しい時代の教育や地方創生の実現に向けた学校と地域の連携・協働の在り方と今後の推進方策について」.

栃木県（2011）「学校経営基礎」.

文部科学省（2016）「学校評価ガイドライン〔平成28年改訂〕」.

文部科学省（2018）「学校の危機管理マニュアル作成の手引」.

文部科学省（2010）『生徒指導提要』教育図書.

（大橋忠司）

第11章

教育の方法を議論するために(3)

──授業のデザインから

　この章では，多様化する社会における教育のあり方について考えていく。現在，日本にはすでに270万人を超える外国籍の人々が暮らしており，少なからぬ数の外国にルーツをもつ子どもが公立学校に通っている。外国人の集住地域に位置する公立学校では加配教員や国際教室といった手厚い支援が実施されているケースもあるが，その措置には地域差が伴う（坪田 2019：94）。「ニューカマー」と呼ばれる外国人は1980年代から増大し，ニューカマー外国人の子どもの教育問題は2000年ごろから盛んに議論されてきた（たとえば志水・清水編 2001）。一方的な同化を強いるやり方では通用しないことが明らかとなるなか，教育現場で多様なルーツをもつ子どもたちを受け入れている教師たちにとって，日々の実践を遂行していくことは容易ではない（吉谷 2011：2）。

　また，学校では外国にルーツをもつ子どもだけでないマジョリティから外れるすべての子どもたちが，固定的な価値観の押し付けに苦しんだり授業に興味をもてなかったりする現実がある。多様なルーツをもつ子どもにとっての教育を考えることは，現行の教育の根本的な問題点を洗い出す作業であるとも言える。こうしたことを念頭に置き，ここでは複数のルーツをもつ子どもの可能性を広げるとともに，有効な学びをつくっていくにはどのような方法があるのかを考えていきたい。

1　多様なルーツをもつ人々と日本の教育現場

　グローバル化の進行とともに人々の移動が盛んになり，多文化共生の問題に焦点が当てられることも増えてきたが，日本社会には以前から多様な人々（たとえばアイヌの人々や旧植民地から移住したオールドカマー）が暮らしてきた。しかし，学校を支配する画一的な言語と文化のもとで，それらの人々の多様性

は長い間「なかったこと」とされ，日本の学校の中で同化することでしか存在を認められなかったと言える。「日本社会は古くから多文化社会を形成してきたが，そのことを積極的に認識せず，学校教育においては『平等』志向に囚われて苦しみ続けてきた」との指摘もある（川﨑 2011：20）。

筆者はこれまでの調査において国際結婚家庭の子どもにインタビューを行ってきたが，自分の親が外国人だと知られると「恥ずかしい」とか，「いじめられるかもしれない」という恐れをもち，ルーツを隠そうとする子どもは少なくない。また，外見上の特徴から周囲との差異が明らかな場合にも，子どもは痛々しいほどに周りに同化しようとする傾向がある。日本人男性と結婚しているイギリス人研究者の山本（2013）は，日本の学校カリキュラムは紛れもなく強烈な「日本人性」を子どもに植え付けることを狙いとしており，日本の学校に通っている間ずっと，彼女の子どもたちは「イギリス的なもの」を覆い隠すのに必死であったと述べている（同：288）。外国にルーツをもつ子どもたちのこうした行動は，日本の学校文化自体が画一的で，「みんな同じ」であることを良しとする同化主義的な傾向があることと関係している（坪田 2019）。

子どもが安心して学ぶためには子どもの自己肯定感を高めることが必要なのは言うまでもない。子どもが自らのアイデンティティを表明したくないと感じるような環境で効果的な学習を行うことは困難であろう。また，多様な子どもがいる教室で，従来型の一方的に知識を教え込むような授業を実践するのにも限界がある。もちろん，基礎学力の定着までに読み書き計算等のトレーニングが一定程度必要であるのは言うまでもないが，その先の学びにはどのような可能性があるのだろうか。具体的実践を見ていこう。

2　多様な背景をもつ子どもを育てる教育――先進的な取り組み

本節では，在籍生の国籍が20以上の多岐にわたるというある学校における先進的な授業実践を参照する。関西学院大阪インターナショナルスクール（以下OIS）は私立学校である関西学院千里国際中等部・高等部（以下 SIS）と併設されるインターナショナルスクールである（学校の詳細に関しては敷田（2014）

を参照のこと）。OIS が国際バカロレアのカリキュラムを遂行する一方で，SIS では文科省の学習指導要領に基づいた教育が行われている。帰国子女・外国人子女・一般の日本人子女がともに学ぶ学校として併設されたこの2つの学校の最大の特徴は「シェアード・プログラム」と呼ばれる授業形態で，美術，音楽，体育の授業が合同で行われている。他にも英語や国語・社会の授業をお互いの生徒が受講し合うことも可能で，それらは「部分的シェアード」と呼ばれる。

　OIS の中では，2言語以上を話すことや父母が別々の国出身者であることはごく当たり前のこととして受け止められている。生徒の外見が多様なのも当然のことで，髪の色や服装，持ち物等を細かく管理する校則はない。また，日本国籍をもち，これまで日本の学校しか経験してこなかったような SIS の生徒も，OIS の生徒と授業内外において触れ合いともに過ごしていく中で異言語・異文化に対する柔軟性を身に付けていく。以下では，シェアード・プログラムにおける一部の授業の様子を紹介していく。なお，データはフィールドワークを行なった2012年当時のものである。

（1）最終目標は生徒の自立：美術の授業より（7年生）

　最初に取り上げるのは美術の授業である。授業を担当しているのは，オーストラリア出身でシドニーの大学を卒業後，アメリカで美術分野の修士号をとったというスティーブン先生だった。1991年の開校当時からこの学校で教えているベテランである。

　美術の授業でまず目を引くのは，教室の形だ。広々とした一つの教室が3つのエリアに区切られており，それぞれのエリアで別の授業が行われている。もちろん隣のクラスの教師の声も聞こえてくるのだが，それぞれの授業を受けている生徒たちは特に気を散らすような様子もなく，担当教員の言葉にじっと耳を傾けている。この教室の構造についてスティーブン先生は，「空間を共有することで授業がより活性化するんです」と語っている。

　9月に観察した7年生（日本でいう中学1年生）の授業では，4月から授業を受けている SIS の生徒に，9月入学の OIS の生徒が合流したばかりだった。

参加していた生徒は SIS/OIS から各13人，合計26人だった。生徒の多くは日本またはアジア圏出身で，欧米系の子どもも数名見受けられる。授業は全て英語で行われるが，日本人生徒の中には小学校まで完全に日本語環境で過ごし英語が得意でない子どももいる。そのため，教師は説明の際にゆっくりと聞き取りやすい英語を使い，なおかつ写真や絵などの視覚教材を多用することで英語が得意でない生徒も理解しやすい工夫を凝らしている。教師自身，英語の母語話者として「英語で」教えること，そして全ての生徒にとって理解しやすい方法で指導を行うことが自分のミッションであると強く自覚している。

スティーブン先生は，休み時間の間に作業に必要な道具を各生徒の座る場所にセッティングしておくことで，チャイムと同時に授業に入れるように工夫している。この日の授業は遠近法がテーマだった。まず先生が授業の目的や今日の作業予定を全員に説明した後，子どもたちは指示通りに各自の作業に入っていく。生徒は6名程度で一つの大きなテーブルを囲んで座っているのだが，各グループは必ず英語を母語とする生徒とそうでない生徒の混合チームとなっており，作業につまずいている生徒がいると他の生徒が進んで手助けをしていた。和やかな雰囲気の中で子どもたちは集中して作業に励んでいる。

スティーブン先生に美術の授業の目的を聞いたところ，次のような答えが返ってきた。

　　最終学年では，生徒は本物のアーティストとして制作にのぞみます。各生徒が2年かけて12以上の作品を創作します。また，カリキュラムは生徒中心で，彼ら自身が何をするか計画します。美術の授業全体を通して生徒が学ぶことは「自立」です。生徒は皆非常に洗練された作品を生み出し，一人一人が全く違うことをやり遂げます。実際，そのプロセスを目の当たりにするのは教師としても素晴らしい経験です。

美術の授業の最終目標は「生徒の自立」だというスティーブン先生の言葉は，教育の根本的な目的を示唆するものだと言える。生徒自らが計画し自分だけの作品群を完成させるプロセスの中で，子どもたちは自分の興味関心に沿った学

びを獲得していく。一方，通常の学校教育では試験の点数や他者との競争といったことに多くの時間とエネルギーが費やされがちだ。もちろんこれは日本の学校だけの問題ではない。たとえば，アメリカの現地校に通う日本人生徒を観察した額賀（2011）は，競争的文化が子どもたちの学校生活を支配しており，学業成績という一元的評価をめぐって成績の良い子どもが悪い子どもを軽視するような序列構造ができていると指摘する（同：30）。特に，言語面でハンデを負っている子どもにとって，こうした環境はつらいものである。

　多様な背景をもつ子どもを教育する場において一元的な基準で相対的評価を行うことにはさまざまな弊害が伴う。ハンデをもつ子どもが競争的な価値観にさらされ続ければ，やる気を削がれ成長のチャンスを失ってしまう可能性が高い。ここで述べられたように，生徒一人一人が自分のやりたいことを模索し計画した上で実践に挑み，各自が以前と比べてどれだけ成長したかという絶対的評価軸において子どもを評価することはより重要であると言えるだろう。

（2）概念を理解する：日本語の授業より（11，12年生合同）

　次に，11，12年生（日本の学年でいう高校2・3年生）の「日本語」の授業を紹介する。日本語の授業は生徒のレベルに応じたクラス分けが行われている。授業は「Japanese A」と「Japanese B」に別れており，Aは日本語を母語とする生徒，Bはそうでない生徒を対象としている。授業時間は「Japanese A」の場合は週4回，「Japanese B」の場合は週3回である。

　OISの最高学年を対象とする「Japanese A」のある授業では，吉本ばななの『キッチン』を教材として授業を行っていた。生徒は全員バイリンガルで，担当しているのは，国内外のインターナショナルスクールでの教授経験が長いベテランの遠藤先生である。筆者が観察を行った授業では，各生徒により発表が行われていた。発表担当の生徒がスライドを用い，担当箇所の文章に使われている修辞法やその効果について一つ一つ説明していく。さらに発表者の分析に対して，聞いている他の生徒たちが補足や反論を行っていく，という形式で授業は進められていく。日本の学校の国語で小説を扱う場合には，主人公の心情や描かれている情景を読み込み解釈することが多いのに対して，この授業で

は文章を細かく分節化し，論理的な分析が行われているのが印象的だった。

　教師は，生徒の質問が具体性に欠ける場合に言葉を補ったり，発言内容が誤っている場合には正したり，というように必要なサポートを提供するのはもちろん，議論を深めるためのファシリテーターとしての役割も担っている。生徒どうし，そして生徒・教師の間でテンポよいやりとりが続き，生き生きとした緊張感の中で授業が進められていく。授業後のインタビューでの「どのような授業を目指しているのか」という筆者の問いに対して，遠藤先生の回答は，**「考える授業。あの，概念を理解する授業。覚えるのではなくて。で，卒業した子も10年も20年も覚えている授業。内容を覚えている授業」**というものだった。

　とはいえ，具体的な授業実践の中で**「何をするにしても言葉の数が多くないと自分を表現できないので」**，語彙を増やすためのトレーニングは必要不可欠だという。どうやって覚えさせるかは教師として頭の痛いところだが，**「コンテクスト無くして覚えることはなるべくないように」**と，ドリルのような単純作業で単語を詰め込むのではなく，文脈の中で語彙を定着させていくことに一番留意しているとのことだった。

　OIS と SIS では，学校全体として全員がバイリンガルになることを目標に掲げている。この授業を受けている生徒は，高い言語能力を有していたことから教材や授業の内容もハイレベルなものとなっていたが，学校ではもちろん初歩的な日本語クラスも実施されている。言語能力の育成は学習に不可欠であり，もちろん生徒の日常生活の豊かさにも直結する重大な問題であると意識されている。可能な限り子どもの理解度に合わせた段階的な指導を行うことも重要である。

　ここで日本の学校に通う外国にルーツをもつ子どもに目を転じてみると，かれらの中には日本語能力に課題がある児童生徒が少なくない。しかし，義務教育段階では生活言語を獲得した時点で放置されてしまい，学習言語の習得に苦しんで進学ができないケースが頻発している。「何をするにも言葉の数が多くないと自分を表現できない」という先生の指摘はもっともであり，語彙力を基盤とする言語能力をいかに育てていくかは，特に外国にルーツをもつ子どもに

とっては喫緊の課題である。これらの児童・生徒に対しては、「国語」とは別に、日本語を道具として使いこなすための「日本語」の授業を別途提供するなど、第二言語として日本語を学ぶための具体的なサポートが必要であることには疑いの余地がない。

（3）批判的思考力を養う：歴史の授業より（11，12年生合同）

　最後に紹介するのは、同じく最高学年である11，12年生の歴史の授業で、日本語と同じく部分的シェアードの授業である。筆者が授業見学をした日のテーマは朝鮮戦争であった。担当のダッタ先生は、インド出身で日本国内のインターナショナルスクールを経て大学に進学した後、北米の大学で修士号を獲得したという異色の経歴の持ち主である。日本語も堪能な日英バイリンガル教員で、授業内の口頭での説明は日本語が9割だが、板書は完全に英語で行っている。

　この日の授業からは各生徒が順にプレゼンテーション（以下プレゼン）を担当する予定だということで、すでに各自準備を進めているところだった。まず、先生が発表テーマに関連する「リサーチクエスチョン」、つまり「生徒に考えてほしい問い」を板書していく。英語で書かれた板書を、生徒たちは真剣な表情でノートに書きうつしていく。まもなく、トップバッターの女子生徒による発表が始まった。

　発表担当の生徒は、複数の参考文献をまとめた内容に関して、PowerPointを使ってプレゼンを行っていく。英語の方が得意だという彼女だが、あえて日本語を使うことにチャレンジしているという。慣れない言語で発表することへの緊張が伝わってくるが、言葉に詰まったり言いよどんだりするようなことがあっても、他の生徒が揶揄するような様子は一切見受けられない。他者のチャレンジを温かく見守る雰囲気は、生徒全員がバイリンガルを目指しているという学校の環境下において、言語学習の難しさや苦労を、すべての生徒が肌で感じている中で醸成されていると言えるだろう。

　発表は引き続き「朝鮮戦争への国連の軍事介入は本当に正義だったのか」「バックグラウンドとして国連の組織について」など詳細な内容へと展開されていく。発表が終わると今度はダッタ先生が前に出て、資料集の中で関連する

年表や写真，詳しい説明が書いてあるところを全員に向けて提示する。聴衆側の生徒に対して，「今のプレゼン，わかりやすかった人」と尋ねると，ほとんどが手を挙げる。「じゃあ，今日のプレゼンの要点を1分でまとめられる人」と聞くと，1人も手が挙がらない。先生は，「じゃあ手を挙げちゃダメです」と厳しい口調で指摘する。要点をまとめられないのは，理解ができていないのと同じだという。さらに，プレゼンのやり方について「導入部分に時間をかけ工夫する」「あつかう資料（最低二つ）の作者は誰なのか調べる」など，細かな指導が続く。

　このように，筆者が観察した日本語，歴史の双方の授業でプレゼンが行われており，学校全体としても生徒にプレゼンをさせる授業は多いという。しかし，ダッタ先生は「実施には注意が必要」と，あくまで慎重だ。かつて，公立中学校での指導経験が長い教員と共同で中学1年生の「リサーチ」という授業を担当したときには，納得いく内容を実践するためにかなりの議論が必要だったと回想する。各生徒がリサーチとプレゼンを完成させるのが授業の目標だが，中1からトレーニングを始め，独り立ちして満足のいくものができあがるようになるのは高校生になってからだという。リサーチおよびプレゼンの手法は，それぐらい長い期間をかけて訓練していく必要があり，やり方次第では無意味なものになりうるという。

　先生は「レポートという言葉を使わずにリサーチと呼ぶのにも意味がある。レポートというのは何かを報告しているだけだが，リサーチは違う。コピー機ができることを人間がしても意味がない。リサーチの方法は中学生から教えて，やっと高校でできるようになる。あと，引用するときには引用元をきちんというとか，ウィキペディアは使わないとか」と語る。さらに，知識を得た上で自分がどう考えるのかを問い，多方面からの見解を整理・分析し考察することが最も重要であり，そこをしっかり生徒にも理解させた上で実践にもっていくことが必要であると強調していた。

　また，今回の授業で扱っていたのは朝鮮戦争に関する高度な内容だったが，さまざまなバックグラウンドをもつ生徒が集まるこの学校では，歴史学習において複数の立場から歴史事象を検証し，批判的思考力を養うことが不可欠とな

る。どこかの国に偏った歴史観を提示することは，一部の生徒を傷つけたり，生徒間に軋轢を生んだりする原因ともなりかねない。生徒は立場の異なる何冊もの本を比較し，多様な側面から歴史を学ぶことでバランスのとれた知識を身に付けていく。今後グローバルな社会で活躍する人材を育成するという観点からも，このような授業は非常に重要であると言えよう。

3　具体的実践における ICT 活用

次に，学校における ICT の利用について考えてみよう。国内では「主体的・対話的で深い学び」に貢献するものとして ICT を教育現場に導入するメリットが提示される一方で（堀田 2016），具体的にどのように授業で利用していったらよいのかいう方策についてはまだ模索中である。

SIS では，2012年の時点で高校の生徒全員に iPad を配布することが予定されていた。こうしたタブレット端末の導入は，アメリカで開発された学習形態である「反転学習」のように，家でも視聴できる動画教材によって基礎知識を自分のペースで理解し，学校ではクラスメートとの意見交換や実験に努めるといった方法を取り入れることを可能とするため，従来の指導で生じる困難が克服できるようになる。基礎内容が一度で理解できない生徒は複数回動画教材を閲覧することも可能だし，教員は学校での指導時間をサポートが必要な生徒のフォローにあてることもできる（堀田 2016：71-72）。

ただし，iPad 等のツールの導入は便利な面がある一方，一部教員の間には生徒と教師双方の多忙化に拍車をかけるのではないかとの懸念が明らかにされていた（なお，海外のインターナショナルスクールから異動してきた教員からは，タブレットやプロジェクター，電子黒板等のテクノロジーの導入がこの学校では遅すぎるとの声もあり教員間でも賛否両論あった）。以前であれば，教師が宿題を出し忘れたような場合に，生徒は少し時間に余裕がもてるとほっとしたものだが，ICT 機器を利用すればそうした互いの「うっかり」は生じ得ず，学習のプロセスが完璧に管理されることになるからである。確かに，このように従来の指導に単純に課題を付け加えるような方法としての ICT 利用は

教師・生徒の負担を増やしストレスとなることも懸念されるだろう。しかし，全体の課題量の見直しを行った上で，先に述べた反転学習のような取り組みを増やすような形であれば時間を効率的に使い個々の生徒の理解度や進度に合わせた柔軟な指導が可能となる。なお，iPad 貸与により優れた学習成果を上げてきた SIS では，2017年に学校配布の iPad を回収，2018年度からは BYOD（Bring Your Own Device）へと移行し，さらなる前進を続けている。

　また，日本語と歴史の授業の様子からもわかるように，パソコンやプロジェクターといった機器を生徒が利用することはこの学校の日常的な風景である。パソコンに文章を打ち込み，発表を行い，批評を受け改善点を検討するという一連の工程の繰り返しは，大学での勉強や就職といった将来的にも必要なスキルを習得するプロセスであると言える。それでもなお，リサーチとプレゼンの実施に関しては慎重であるべきだという意見は多い。たとえば，12年生の国際史を担当している教員は最近では授業でプレゼンをほとんどやらせていないという。生徒によっては，時間の無駄としか思えない発表をしたり，一見できの良い発表であっても引用した文献をきちんと読んでいなかったりすることがあるからだ。さらに，国際バカロレア資格の最終試験では小論文が課されるが，プレゼンをいくらやっても良い小論文を書けるわけではない。深い思考を促し論文につなげるには，多くの文献を読み論理的な文章を書くための地道なトレーニングが必要となる。

　こうした点に留意する必要はあるものの，リサーチ・プレゼンを実践することのメリットをさらに述べるとするならば，一連のプロセスの中で，生徒が自律的な学習態度を身に付けていくことにあると言えるだろう。教員の一人は，「プレゼンを多くするイコール主体性につながるとは思っていない。しかし，自分がイニシアチブをとって小さいことから大きいことまで責任をもって，学習なり何らかの活動ができるということは，地域やより広い社会に貢献できる人間になることを目指す上で重要な意味のあることではないか」と語っている。このように ICT を適切に活用することで，子ども一人一人に合った学びを促進できる可能性は十分にある。

4　実践を生み出す教員の意識を変える

　ここまで OIS および SIS における先進的な実践を中心に紹介してきた。イ
ンターナショナルスクールは各種学校に位置付けられ，そこに通う生徒も働く
教員も日本の公立学校とは異なる特徴をもつ。しかし，一条校である SIS と
合同の授業を行い，成果を上げているという点から考えても，OIS での実践を
参照することは公立学校における教育のあり方を問い直す契機となりうるだろ
う。

　先行研究では，インターナショナルスクールの教育に関して次のような指摘
がある――「多文化環境で働く教師は，自分が『正しい』と思っている世界の
見方を一旦解体し，批判的に検討しなければならない。インターナショナルス
クールでは，『多文化性』がもっとも傑出した特徴であり，様々な出自を持つ
多様な人材が求められている。また，教師の文化適応も重要な課題である」
(Joslin 2002)。多様な子どもが集う学校においては，子どもを教師の型枠には
め込むのではなく，教員の側が自らの価値観を再検討する必要に迫られる。多
様な子どもに資する授業実践を検討する土台として最も重要な要素の一つは，
教員の柔軟な姿勢であると言えよう。

　冒頭で述べたように，公立学校の教室にも多様な子どもがいる。外国にルー
ツをもつ子どもに限らず，さまざまな身体的障害や知的障害，発達障害をもつ
子ども，性的マイノリティなどの子どもたちは，固定的な価値観が押し付けら
れる教育のもとで息苦しさを感じている。子どもたちが多様であることは今も
昔も同じのはずだが，従来の学校・教師の対応は多くの場合画一的になりがち
だった。また，日本の学校は「すべての子どもを平等に扱う」ことを美徳であ
るかのように扱ってきた側面がある。なぜか？　管理する側にとって，「その
方が楽であるから」という理由があることは否めないだろう。

　一方で，学校のあり方にストレスを感じている子どもが多いことは不登校数
の多さからも推測できる。文部科学省の発表によると，平成30年度の不登校数
は小中合わせて16万4,528人（前年度14万4,031人）であり，前年度から2万

497人（約14％）増加している。不登校増加の背景にはもちろん，家庭背景の複雑さや人々の価値観の変化などさまざまな原因があると考えられるので短絡的な判断はすべきではないが，一方で管理的で画一的な学校のあり方と多様な子どもの実態の相性が悪いことは明白だ。子どもたちの実情に即した授業をデザインしていくためには，全員の足並みを揃えることが重要なのではないと認識すること，多様な子どもがいることを念頭に置いた上で，できる限り各個人に配慮した目標設定を行うことがまず必要となるであろう。

学習課題

⑴多文化背景をもつ子どもは学校の授業でどのような困難を感じると思いますか。話し合ってみましょう。

⑵教員は，授業における子どもの成長をどのように測るべきなのでしょうか。具体的な方法を考えてみましょう。

引用・参考文献

敷田佳子（2014）「1条校とともにある学校——関西学院大阪インターナショナルスクール」志水宏吉・中島智子・鍛治致編著『日本の外国人学校——トランスナショナリティをめぐる教育政策の課題』明石書店，331-344.

志水宏吉・清水睦美編（2001）『ニューカマーと教育』明石書店.

坪田光平（2019）「学校——子どもの生きにくさから考える」『移民から教育を考える——子どもたちをとりまくグローバル時代の課題』ナカニシヤ出版，91-102.

額賀美紗子（2011）「『公正さ』をめぐる教育現場の混迷—— NCLB法下で『容赦なき形式的平等』が進むアメリカの学校」『異文化間教育』34：22-36.

堀田裕人（2016）「小学校国語科授業における ICT の利活用に関する分類と整理——他教科との比較と背景理論を基に」『学芸国語教育研究』34：80-68.

山本ベバリーアン（2013）「『文化』継承のための親の戦略における言語の意義」志水宏吉・山本ベバリーアン・鍛治致・ハヤシザキカズヒコ編『往還する人々の教育戦略』明石書店，284-299.

吉谷武志（2011）「異文化間教育におけるエクイティ——特定課題研究を終えて」『異文化間教育』34：1-5.

Joslin, P.（2002）"Teacher relocation: Reflections in the context of international schools," *Journal of Research in International Education*, 1(1): 33-62.

（敷田佳子）

第12章

これからの教育課題
――考えを深めるために

　この章では，これからの教育課題として学校教育などでさらに求められている，主体的・対話的で深い学び，人間としての在り方生き方を深めるための教育，ICT を活用する教育等についての考えを深めてみたい。また，子どもたちに育ませたいものの一つとして，自己肯定感の育成があり，そのことについて概観する。そして，これからの未来をつくる子どもたちに育ませ，向上させたい能力や資質をただ単に教科横断的な側面や，特別活動などでの役割分担といった視点からだけでなく，豊かな人間性の育成のために必要な子どもたちの自己としての，あるいは人間としての在り方生き方に関する視点から捉え直すことをこころがけた。人間形成の根本的な課題を解決できるような全人的な人間の在り方について考えを深めてみたい。

1　これからの教育――「主体的・対話的で深い学び」の実現を目指して

　小・中学校新学習指導要領（平成29年告示），高等学校学習指導要領（平成30年告示）では，「単元や題材など内容や時間のまとまりを見通しながら，生徒の主体的・対話的で深い学びの実現に向けた授業改善を行うこと」が求められている。また，子どもたちの「主体的・対話的で深い学び」を実現するために共有すべき授業改善の視点として，「アクティブ・ラーニング」を位置付けた。「アクティブ・ラーニング」については，平成24年8月に出された中央教育審議会の「新たな未来を築くための大学教育の質的転換に向けて～生涯学び続け，主体的に考える力を育成する大学へ～（答申）」用語集で次のように解説している。

> 　教員による一方向的な講義形式の教育とは異なり，学修者の能動的な学修への参加
> を取り入れた教授・学習法の総称。学修者が能動的に学修することによって，認知的，
> 倫理的，社会的能力，教養，知識，経験を含めた汎用的能力の育成を図る。発見学習，
> 問題解決学習，体験学習，調査学習等が含まれるが，教室内でのグループ・ディスカ
> ッション，ディベート，グループ・ワーク等も有効なアクティブ・ラーニングの方法
> である。

　近年，このアクティブ・ラーニングという用語が一人歩きをし，学校現場で
は形式的に対話型を取り入れた授業が散見される。中央教育審議会教育課程部
会委員でもあった市川伸一は，このような授業を「教えずに考えさせる授業」
と批判し，自身の学習相談の経験について，次のように述べている。

　　「なんで授業がわからないの」と聞いてみると，「先生が授業で教えてくれ
　　ないから」という答えが返ってくることがしだいに増えてきた。では，授
　　業でいったい何をやっているのだろうか。「自分で考えてみましょう」「い
　　ろいろな考えを出し合いましょう」「みんなで話し合って考えましょう」
　　という自力解決，協同解決の時間がやたら多くとられ，先生がきちんと説
　　明してくれない，と言うのである。今日は何をやったのか，何がわかった
　　のかが釈然としないまま授業が終わるのだと言う。　　　　（市川 2013：23）

　市川は，「『自ら学び，自ら考える子どもを育てる』という否定しようのない
スローガンの中で，『知識』は自ら考えることの妨げになるものであり，『教え
ることを手控える』のがよい教育であるかのような誤解が生まれてしまった」
と指摘し，認知心理学の立場から「知識があってこそ人間はものを考えること
ができる」「学習の過程とは，与えられた情報を理解して取り入れることと，
それをもとに自ら推論したり発見したりしていくことの両方からなる」と述べ，
「教えて考えさせる授業」を提案している（市川 2008：8-30）。
　学校教育法施行規則の一部を改正する省令案並びに幼稚園教育要領案，小学
校学習指導要領案及び中学校学習指導要領案に対するパブリック・コメントの
中にも，「アクティブ・ラーニングを推進することは良いが，教育方法を問題

にするあまり，教える内容を疎かにし正確な理解ができないようなことにならないようにする必要がある」という意見があった。それに対して，文科省は「義務教育においては，新しい教育方法を導入しなければと浮足立つ必要はなく，これまでの蓄積を生かして子どもたちに知識を正確に理解させ，さらにその理解の質を高めるための地道な授業改善が重要であることを丁寧に説明したいと考えています」と答えている。

　しかし，知識を正確に理解させ，さらにその理解の質を高めるためにアクティブ・ラーニングを取り入れるとき，カリキュラム上の問題が立ちはだかる。学校現場では，年間標準授業時数の中で，教科書の内容をすべて扱うことに苦労している。それに加えて，アクティブ・ラーニングを取り入れ，主体的・対話的で深い学びの実現に向けた授業改善を行うことは，至難の業と言わざるを得ない。だからといって，将来予測が困難な時代において，単に知識を正確に理解する学びだけで十分とは思わない。学びの成果として，生きて働く「知識・技能」，未知の状況にも対応できる「思考力・判断力・表現力等」，学びを人生や社会に生かそうとする「学びに向かう力・人間性等」を身に付けていくためには，学びの過程において子どもたちが，主体的に学ぶことの意味と自分の人生や社会の在り方を結び付けたり，多様な人との対話を通じて考えを広げたりしていることが重要である。また，単に知識を記憶する学びにととまらず，身に付けた資質・能力がさまざまな課題の対応に生かせることを実感できるような，学びの深まりも重要になる（大杉 2017：54）。

　カリキュラム上の問題を解決し，主体的・対話的で深い学びを実現するためには，カリキュラム・マネジメントを充実させ，教科等横断的な視点で教育内容を編成することが重要である。また，ICT を活用し，反転学習を取り入れることも一つの解決策として考えられる。基本的な知識・概念は，宿題として e ラーニングで学習すれば，授業ではそれらの知識・概念を活用しなければならない高次思考課題に取り組むことができる。児童生徒の理解度には個人差があり，一斉授業では授業内容を理解できない者もいるが，e ラーニングであれば，児童生徒は自分のペースで確実に学習内容を理解することができる。したがって，授業を理解できず，不幸にも友達の宿題を丸写ししなければならない

児童生徒を生み出すことは少なくなるであろう。つまり，これまでの授業内容
を宿題として学習し，従来の授業時間はアクティブ・ラーニングに費やすこと
が可能になるのである。今後，学校現場の ICT 環境が整備されていくと同時
に，教職員が相互に連携し，創意工夫を重ねることによって，主体的・対話的
で深い学びの実現に向けた授業改善が進んでいくことを期待している。

（奥野浩之）

2　これからの教育——人間としての在り方生き方と教科横断的な視点

　将来，AI（人工知能）が人間の能力を凌駕しようとも，まず，人間が主体
であり，なによりも第一に人間の尊厳を守るということ，そのことに変わりは
ない。子どもたちも常に，自分の可能性を大切にしながら，自己としての，あ
るいは人間としての在り方生き方を考えて生きている。中等教育後期段階（高
等学校）における新学習指導要領（平成30年告示）では，「公共」という公民
科の新科目として，現代社会に生きる人間としての在り方生き方を探求する活
動を通して身に付けさせる指導を課題として挙げている。

　たとえば，中等教育後期段階で学ぶ倫理科目においても，新学習指導要領で，
人間としての在り方生き方に関わる事象や課題について主体的に追究したり，
他者と共によりよく生きる自己を形成しようとしたりする態度を養うことが目
標の一つとして挙げられている。そのような態度を養うとともに，現代社会に
生きる人間としての在り方生き方についての自覚を深めることが目標の一つと
して掲げられている。子どもたちが自己としての，あるいは人間としての在り
方生き方を考え深めることを常に存在可能性として捉え，よりよく生きていく
ことを目指すために，実存論的な視点からこれからの学校教育を考察すること
には一定の意味がある。そして，人間としての在り方生き方に関わる教育をさ
らに充実させるためには，学校におけるカリキュラム・マネジメントを充実さ
せ，教科横断的な視点を考慮に入れることも必要となる。

　そこで，教科横断的に，年間計画としてのカリキュラム作成にあたって，倫
理科目で培った学習（実存論的な考え方など）を総合的な探究の時間を使って，

自己としての，あるいは人間としての在り方生き方についての考えを深めることを少しく論じてみたい。

　倫理科目では実存思想の代表者の一人として哲学者ハイデガー（M. Heidegger）を挙げることができるが，彼の試みた人間の存在とは何かという実存論的なアプローチは，子どもたちの在り方生き方についての考えを深めるためのエッセンスを与えてくれるものである。教師は，そのことと関連したテーマを決め，総合的な学習の時間において取り上げることによって，自己としての，あるいは人間としての生き方在り方をより深める学習を子どもたちに提供することができる。もちろんハイデガーの意図は，あくまでも存在の究明にあったが，それは，存在そのものを問う前提としての人間存在論，すなわち基礎的存在論を展開しようとしたものでもあった。この存在論の特異性については考慮しなければならないが，ハイデガーの人間存在についての分析は，これからの教育，人間形成を考えていく上でも欠かすことができないものである。

　人間としての在り方生き方について深く考察することを可能にする実存論的な思索は，人間存在を研究対象とする他の学問分野に多大な影響を与えた。彼が人間の存在を「現存在（Dasein）」という言葉でもって表現したことはよく知られている。現に今，そこに存在している唯一の人間として，自らの存在を憂慮し，自ら「なぜこの世界に存在しているのか」と問いうるのである。その意味で，人間の存在を分析することは，人間としての在り方生き方についての考えを深めていく上で，やはり深い示唆を教師にもまた子どもたちにも与えてくれる。私たちは，「人間の存在とは何か」という問いを発するが，その問いによって導かれるものは，あくまでも理想的な人間の在り方ではなく，日常性の内に存在している一人一人の本来あるべき自己を見つめる在り方なのである。

　倫理科目や総合的な学習の時間などを教科横断的に活用することで，自己の在り方についてのテーマを設定し，「なぜ自分はこの世界の内に存在しているのか」といった問いについてさらに深く考えさせることができる。実存論的な思想には自己の存在についての問いが内包されており，子どもたちにとって，学校生活での自己の生き方在り方を考える上でなくてはならない問いとなっていると言えよう。このように教科横断的な視点からカリキュラムを編成するこ

とによって，自己の在り方と世界との関わりをより一層深く理解することができるであろう。

3　これからの教育——人間としての在り方生き方とICT活用

「特別の教科 道徳」の一つの視点「主として自分自身との関わりに関すること」という言葉に秘められているように，自己の存在において自己自身へと関わりゆくことがどういうことであるのかが，人間形成の課題の一つとして問われている。そのような人間形成についての課題を解決するためには，私たちはこの世界に存在している，事物，生き物，他者との関係性を捉え直し，自己理解を深めていかなければならない。

　私たち人間は，他の生き物，事物と違って，そこになんの意志もともなわずに存在しているわけではない。人間は，常に世界の中にあって，事物，生き物，他者などに気を遣いながら存在している。たとえば，学校という空間で考えるならば，ICTという道具（Zeug）を活用できる資質能力を身に付けることそれ自体が，一人一人の子ども自身，子どもと子ども，教師と子ども，子どもと教材などへの気遣いとなっているということである。「何のため（Wozu）」に子どもたちにタブレットを持たせるのかということは，子どもたちの情報活用能力等を育成するためである。もちろんそれは，教師がより早く，子どもたちにわかりやすく授業内容を伝えるため，さらにわかる授業を実現するため等ということだが，一人一人の子どもたちの学習内容をより効果的に的確に把握するためでもある。

　教師と子どもたちは，学校で使用するタブレットの用途について了解した上で，そのタブレットに送る情報の中身を充実させていくが，やはりその中身をさらに発展した内容にしていくのは教師であり，実際の授業後の子どもたちの反応から，PDCAサイクルによるより充実した授業内容となる工夫を重ねていくことになる。さらに子どもたちには小学校の段階から論理的な思考を育てるためのプログラミング教育が用意されている。ICTなどを活用して，さらにプログラミング教育を充実させることにより，子どもたちがその場その場に

のみ対応した思考や行動をするのではなく，多様な思考や活動などを組み合わせた能力を身に付けることが期待されているのである。

4　これからの教育——自己理解を育むために

　これからの教育の課題の一つとして，子ども一人一人が学級での自分をどのように捉え認識したら，自己肯定感を育成することができるのか，ということがある。子どもたちは，自己の存在がまさに自己であるということの意味を理解する必要がある。教師は，自己が本来の自己であるための生き方を目指す在り方と，本来あるべき生き方を目指さず日常に埋没して生きる在り方という二つの存在様式を子どもたちに考えさせることにより，自己理解の深さの違いを明らかにし，より本来的な人間としての在り方生き方を見つけ出す機会を与えることができる。

　ここでは，自己としての，あるいは人間としての本来的な在り方へとつながる教育の在り方を示すことによって，自己肯定感を高めることのできる在り方生き方を子どもたちに提示することができると考える。それでは，より本来的な在り方を目指す生き方とは，どのような生き方であろうか。ハイデガーによれば，日常性における人間存在（日常的現存在の自己）は，ひと，世人（das Man）という世間の均質的・平均的な在り方をしていて，自らに固有な自己を見失った状態だという。このひと的な在り方，世人としての在り方は，学校においては，子どもたち同士の平均的な在り方しか認めない生き方としてあらわれているのではないだろうか。それぞれ一人一人の個性を尊重できず，クラスメイトの個性を認めることができないゆがんだ価値観の中に埋もれてしまっているとき，自らが自らであるべき状態を失ってしまっている状況にあるとも言えよう。

　自己を失った日常的な人間の在り方は，他者との相違を埋めようとしたり，他者よりも優位を保つために相手を押さえ込もうとしたりする。このような他者との相違に気を配る自己の在り方は，子どもたちの学級内でのやり取りからも垣間見ることができる。日常的な自己の在り方に見られるように，たいてい

は常にその内へと身をおいてしまっている存在として自己の在り方を捉え直すならば，その根底に本来こう在ろうとする自己の在り方が埋没していると言えよう。

　本来，真の自己の在り方とは，端的にどのようなものなのか。それは，子どもが主体的にどう行動すべきかを選び取ることを前提とした心のありようであり，本当の自分の内面の声，自らの内なる声に従うということでもある。中等教育後期の倫理科目においても挙げられているハイデガーの「良心の呼び声」という言葉は，自らの内なる声であり，負い目があることである。彼の考える良心の呼び声というものは，単純に道徳的な負い目をもつことではなく，本当の自分の声なのである。この内なる呼び声に従うというのは，学校生活を営む子どもたちにとっては，自らが責任をもった言動をとる，責任を引き受けるといった心構えをもつことによって可能となる。

5　これからの教育——自己肯定感を高めるために

　子どもたちには自己の在り方に責任をもつということ，負い目があるということを考えさせ，その理解を深め，そのことを簡略化・合理化せずに自らが引き受ける心構えとして捉えさせることが大切である。その心構えを端緒として，子ども自らが自らであるという本来的な在り方生き方の自覚を深めていくことができる。子ども自身にその自覚を促すことにより，自己存在感の充実につながることが期待できるのであれば自己肯定感を高めるきっかけとなるのではないだろうか。

　人間の存在を可能にしているものの一つに時間経験がある。私たちは，差し当たっての日常的で平板な時間を経験するだけでは，本来の自己を開示することはできないように思われる。「特別活動」「総合的な学習の時間」「総合的な探究の時間」などを用い，子ども自らが未来へと投げかけ，投企しつつ生きる時間を経験し，そういった主体的に関わる有意義な時間となるように，一人一人が意欲的に取り組める授業内容，活動内容を考える必要がある。子どもたちはそのような時間感覚の中で，自らの困難を克服しうる在り方，存在了解をも

つとき，自己肯定感を高め，自己の可能性へと開かれていくのである。

　その自己の可能性へと開かれることによって，子ども自らの成長を実感できる本来あるべき自己の在り方生き方というものがあらわとなる。人間としての在り方生き方として，未来へと先駆けて生きることの自覚を促すことにより，学級の子どもたち相互が，それぞれ一人一人の子どもの個性を尊重し，自らの役割をしっかりと担うことのできる存在となるのである。

　子どもの自己肯定感を少しでも高めていくこと。この課題を達成するためには，学級におけるそれぞれの子どもが自らに適した役割を担い，学級の中での明確な居場所が得られるように努めなければならない。一人一人の子どもが本来的な自己存在，最も固有な存在として，当番を含め，かけがえのないクラスの役割を担える学級づくりが必要なのである。それゆえに，私たちは未来へのよりよき教育をめざして，学級での一人一人の子どもの存在了解（自己が自己であるということを確認できること）を可能にする学級の役割構成を十分に検討し，一人一人の子どもが自己の役割を担うと同時に学級全体で協力して活動することができる雰囲気づくりをこれからも日々心掛けていかなければならないのである。

（佐藤光友）

┌─ 学習課題 ─────────────────────────────
│
│ （1）主体的・対話的で深い学びの教育など，これからの教育課題について解決策
│ 　　　をも含め話し合ってみよう。
│ （2）これからの教育のあり方について，自分として，あるいは，人間としての在
│ 　　　り方生き方と関わる視点から捉え直してみよう。
│
└────────────────────────────────────

引用・参考文献

Bergmann, J., & Sams, A.（2012）*Flip your classroom : Reach every student in every class every day,* Eugene, OR: ISTE/ASCD（ジョナサン・バーグマン／アーロン・サムズ，山内祐平・大浦弘樹監修，上原裕美子訳（2014）『反転授業 基本を宿題で学んでから，授業で応用力を身につける』オデッセイコミュニケーションズ）．

Bergmann, J., & Sams, A.（2014）*Flipped learning : gateway to student engage-*

ment, Eugene, OR: ISTE（ジョナサン・バーグマン／アーロン・サムズ，東京大学大学院情報学環 反転学習社会連携講座監修，上原裕美子訳（2015）『反転学習 生徒の主体的参加への入り口』オデッセイコミュニケーションズ）.

Heidegger, M.（1984）*Sein und Zeit*, 15 Aufl., Tübingen.

市川伸一編（2013）『「教えて考えさせる授業」の挑戦』明治図書.

市川伸一（2008）『「教えて考えさせる授業」を創る』図書文化.

大杉昭英（2017）『平成28年版 中央教育審議会答申 全文と読み解き解説』明治図書.

加藤好一編（2015）『自己肯定感を育てる道徳の授業』地歴社.

文部科学省（2018）『小学校学習指導要領（平成29年告示）』東洋館出版社.

文部科学省（2018）『中学校学習指導要領（平成29年告示）』東山書房.

文部科学省（2019）『高等学校学習指導要領（平成30年告示）』東山書房.

文部科学省（2018）『小学校学習指導要領（平成29年告示）解説　特別の教科　道徳編』廣済堂あかつき.

文部科学省（2018）『中学校学習指導要領（平成29年告示）解説　特別の教科　道徳編』教育出版.

文部科学省（2018）『小学校学習指導要領（平成29年告示）解説　特別活動編』東洋館出版社.

文部科学省（2018）『中学校学習指導要領（平成29年告示）解説　特別活動編』東山書房.

横山利弘監修（1994）『在り方生き方教育──その理論と実践の手引き』学陽書房.

吉田武男監修，根津朋実編著（2019）『教育課程』ミネルヴァ書房.

人名索引

事項索引

執筆者紹介（執筆順，執筆担当）

佐藤　光友（さとう・みつとも，編著者，同志社女子大学教職課程センター）　第1章・第12章2-4節

米津　美香（よねづ・みか，奈良女子大学文学部）　第2章

長谷川精一（はせがわ・せいいち，相愛大学共通教育センター）　第3章

島田　喜行（しまだ・よしゆき，同志社大学文学部）　第4章

古田　　薫（ふるた・かおり，兵庫大学教育学部）　第5章

児玉　祥一（こだま・しょういち，京都橘大学発達科学部）　第6章

中瀬　浩一（なかせ・こういち，同志社大学免許資格課程センター）　第7章

伊藤　一雄（いとう・かずお，高野山大学教職課程センター）　第8章

奥野　浩之（おくの・ひろゆき，編著者，同志社大学免許資格課程センター）　第9章・第12章1節

大橋　忠司（おおはし・ただし，同志社大学免許資格課程センター）　第10章

敷田　佳子（しきた・けいこ，大阪教育大学（非常勤））　第11章

考えを深めるための教育原理

2020年5月30日　初版第1刷発行　　　　　　　　〈検印省略〉
2023年9月10日　初版第3刷発行

定価はカバーに
表示しています

編 著 者	佐 藤 光 友
	奥 野 浩 之
発 行 者	杉 田 啓 三
印 刷 者	江 戸 孝 典

発行所　株式会社　ミネルヴァ書房
607-8494　京都市山科区日ノ岡堤谷町1
電話代表　(075)581-5191
振替口座　01020-0-8076

© 佐藤，奥野ほか，2020　　　　　　共同印刷工業・坂井製本

ISBN978-4-623-08806-5

Printed in Japan

小学校教育用語辞典

細尾萌子・柏木智子 編集代表　四六判　408頁　本体2400円

●小学校教育に関わる人名・事項1179項目を19の分野に分けて収録。初学者にもわかりやすい解説の「読む」辞典。小学校教員として知っておくべき幼稚園教育や校種間の連携・接続に関する事項もカバーした。教師を目指す学生，現役の教師の座右の書となる一冊。

生徒指導提要——改訂の解説とポイント積極的な生徒指導を目指して

中村　豊編著　A5判　240頁　本体2400円

●「生徒指導提要」は，生徒指導に関する学校・教職員向けの基本書として平成22年に初めて作成された。その後，関係法規の成立や学校・生徒指導を取り巻く環境の大きく変化により，生徒指導上の課題が深刻化するなかで，12年ぶりに令和4年に改訂された。本書では改訂の背景や課題対応のポイントについて平易に解説する。

事例で学ぶ学校の安全と事故防止

添田久美子・石井拓児編著　B5判　156頁　本体2400円

●「事故は起こるもの」と考えるべき。授業中，登下校時，部活の最中，給食で…，児童・生徒が巻き込まれる事故が起こったとき，あなたは——。学校の内外での多様な事故について，何をどのように考えるのか，防止のためのポイントは何か，指導者が配慮すべき点は何か，を具体的にわかりやすく，裁判例も用いながら解説する。学校関係者必携の一冊。

教育実践研究の方法——SPSSとAmosを用いた統計分析入門

篠原正典著　A5判　220頁　本体2800円

●分析したい内容項目と分析手法のマッチングについて，知りたい内容や結果から，それを導き出すための分統計分析方法がわかるように構成した。統計に関する基礎知識がない人，SPSSやAmosを使ったことがない人でも理解できるよう，その考え方と手順を平易に解説した。

—— ミネルヴァ書房 ——

https://www.minervashobo.co.jp/